edition suhrkamp 2674

Die Stadt ist tot, es lebe die Stadt: Allen düsteren Prognosen zum Trotz wird der öffentliche Raum neu entdeckt. Mitten im Hyperindividualismus wächst die Sehnsucht nach kollektiver Erfahrung – und findet in der Stadt ihren Ort. Ein ungewohnter Gemeinschaftsgeist erobert Straßen und Plätze, neue Spielformen des Öffentlichen entstehen. Unter Schlagworten wie DIY-Urbanismus, Guerilla Gardening, Urban Gaming oder City Crowdsourcing kündigt sich nichts Geringeres als ein gesellschaftlicher Wandel an: Gegen die Ökonomie der selbstsüchtigen Herzen setzen viele der urbanistischen Bewegungen einen Pragmatismus der Anteilnahme und des Teilens. In seiner thesenreichen Analyse beleuchtet Hanno Rauterberg, warum gerade die Digitalmoderne eine neue, unvermutete Stadtkultur befördert.

Hanno Rauterberg, geboren 1967, ist promovierter Kunsthistoriker und schreibt als Redakteur im Feuilleton der Wochenzeitung *Die Zeit* regelmäßig über Architektur, Kunst und Stadtentwicklung.

Hanno Rauterberg
Wir sind die Stadt!
Urbanes Leben in der
Digitalmoderne

Suhrkamp

3. Auflage 2014

Erste Auflage 2013
edition suhrkamp 2674
Originalausgabe
© Suhrkamp Verlag Berlin 2013
Alle Rechte vorbehalten, insbesondere das der Übersetzung,
des öffentlichen Vortrags sowie der Übertragung
durch Rundfunk und Fernsehen, auch einzelner Teile.
Kein Teil des Werkes darf in irgendeiner Form
(durch Fotografie, Mikrofilm oder andere Verfahren)
ohne schriftliche Genehmigung des Verlages reproduziert
oder unter Verwendung elektronischer Systeme
verarbeitet, vervielfältigt oder verbreitet werden.
Druck: Druckhaus Nomos, Sinzheim
Umschlag gestaltet nach einem Konzept
von Willy Fleckhaus: Rolf Staudt
Printed in Germany
ISBN 978-3-518-12674-5

Inhalt

Einleitung
Die Stadt ist tot, es lebe die Stadt!

Warum nur trägt die Parkuhr neuerdings ein Strickmützchen? Und wozu braucht der dicke Poller einen Ringelschal? Seltsam auch die rote Schaukel, die an der Bushaltestelle hin und her schwingt. Oder die beiden Sessel, aus Paletten gezimmert, die auf der lärmumtosten Verkehrsinsel stehen. Gut möglich, dass sich dort bald ein paar ausgediente Autoreifen niederlassen. Auf dem Bürgersteig gegenüber liegen schon einige, mit Blumenerde gefüllt. Unschuldig wächst der Spitzkohl daraus empor.

Man muss sich über all das nicht wundern. Man kann daran vorbeigehen, gedankenlos. Vermutlich sind Sessel und Schaukel am nächsten Tag ohnehin verschwunden, von der Müllabfuhr entsorgt. Fort auch der Pollerschal und das Parkuhrmützchen, die Kohlköpfe abgeerntet. Dann sieht es aus, als wäre nichts gewesen: die Stadt, ein ewig-stoisches Gebilde, viel Stahl und Stein und nichts, so scheint es, rührt sich. Was sollten Gemüsebeete neben dem Bürgersteig, was selbst gebaute Stadtmöbel und all die anderen surrealistisch anmutenden Dreingaben schon bedeuten. Es sind ephemere Erscheinungen, und wohl nur wenige kämen auf die Idee, sie als Zeichen einer großen Verwandlung zu deuten. Das aber sind sie: In ihnen kündigt sich ein Umschwung an, ein urbaner Neuanfang.

Das Leben, das man so lange aus den Städten vertrieben wähnte, drängt mit Macht in sie zurück, es zieht auf die Promenaden, Plätze, Kreuzungen, auf Parkdecks und selbst unter Autobahnbrücken. Es ist eine unverhoffte Wiederkehr

und, wenn nicht alles täuscht, eine Kehrtwende in der win-
dungsreichen Geschichte der urbanen Kultur. Die Gesellschaft ist nicht länger, wie sie war. Die Stadt ist es auch nicht.
Sie lebt, und allein das lässt viele staunen.

Lange schon war sie abgeschrieben, zu sklerotisch wirkte das urbane Leben. Spätestens seit den sechziger Jahren
sprachen viele nur noch von der geschundenen, zerfrans-
ten, gemeuchelten Stadt. »The city is dead«, befand noch
2002 der einflussreiche Planungstheoretiker John Friedmann und brachte damit die Niedergangsbefunde zahlreicher Architekten und Stadtplaner auf eine bündige Formel.[1]
Sie beklagten die Verödung der Innenstädte, warnten vor
Verarmung, Segregation und vor der Privatisierung des öffentlichen Raums. Und ihre Verlustgeschichten, wie sie auch
von prominenten Autoren wie Richard Sennett oder Rem
Koolhaas erzählt wurden, handelten nicht allein von sozialer oder ästhetischer Erosion. Gemeint war immer auch
das Ende eines großen Ideals, das Ende der Stadt als Frei-
heitsraum. Erst hier habe der Mensch, so hieß es, seine Abhängigkeit von der Natur überwinden und das entwickeln
können, was heute Kultur heißt. Alle gesellschaftlichen Innovationen hätten im urbanen Raum ihren Anfang genommen, alle Moden, Stile, Lebensweisen. Ohne die Stadt sei die
Moderne mithin nicht zu denken. Hier habe das freie Subjekt die Welt erblickt und schließlich zu neuen, demokrati-
schen Formen der Öffentlichkeit gefunden, in denen sich
das Ich ebenso aufgehoben wusste wie das Wir. Die Krise
der Stadt war für viele Kritiker eine Krise der Zivilisation.
Sicherlich gab es für ihre Warnungen gute Gründe, und man

---

1 Friedmann, John, 2002, *The Prospect of Cities*, Minneapolis/London:
University of Minnesota Press.

muss sagen: Es gibt sie oftmals weiterhin. In vielen Städten bemächtigen sich Shoppingmall-Konzerne der einst öffentlichen Räume und verwandeln sie in Konsumzonen mit Hausrecht. Nicht selten handeln kommunale Verwaltungen gleichfalls nach diesem Muster und lassen einzelne Straßen und Plätze als halbprivate Business-Distrikte betreiben oder verkaufen öffentliche Gebäude an den Meistbietenden. Darüber hinaus kann man die wachsende Zahl der Überwachungskameras oder das rege Interesse an Gated Communities mit einiger Skepsis betrachten. Vieles deutet darauf hin, dass der öffentliche Raum stärker als ehedem kontrolliert, abgeschirmt und von privaten Interessen beherrscht wird; nicht zuletzt die grassierende Groß- und Riesenplakatwerbung ist dafür ein Indiz.

Gleichwohl kann von einem posturbanen Zeitalter, das manche bereits heraufdämmern sahen, keine Rede sein. Nicht im globalen Maßstab, da seit 2008 mehr Menschen in städtischen Gefilden als auf dem Land leben. Und ebenso wenig, wenn man die zumeist wohlhabenden Hemisphären des Nordens betrachtet, jene alten Städte, die im 19. Jahrhundert durch die Industrialisierung zu großen Citys aufgebläht wurden und von denen es lange hieß, sie hätten im 20. Jahrhundert alles eingebüßt: ihre Form und Kontur, ihre Bestimmung und auch den Gemeinsinn. Je weiter sich aber das industrielle Zeitalter dem Ende zuneigt und je stärker das zu greifen beginnt, was man Digitalmoderne nennen könnte, desto mehr scheint das Verlangen nach Stadt, nach ihrer Intensität und Dichte zu wachsen. Urbanität gilt nun, im 21. Jahrhundert, als etwas Begehrenswertes, wenngleich nicht immer klar ist, was genau da begehrt wird. Im Zweifel ist es ein Leben im Jetzt, aufregend und voller Optionen. So steht einer um sich greifenden Privatisierung eine wachsende Lust am Offenen und Öffentlichen entgegen. Die freien, unbestimmten Räume der Stadt gewinnen eine andere, gewichtige Bedeutung. Zum einen ist da das Ich der Digitalmoderne, das nach Selbstverwirklichung strebt und dafür das urbane Gefüge als besonders geeignet erfährt. Zum anderen gibt es ein kollektives Selbst, ein Wir, das nach städtischen Räumen verlangt und sich erst auf Straßen und Plätzen formt und findet. Ohne dass sie jemand gerufen hätte, ohne dass es eine Kampagne gäbe, gar eine Staatsinitiative zur Reurbanisierung, zieht es viele Menschen hinaus in die Räume der Stadt. Dieses Buch erzählt von diesem Urbanismus von unten, der die Stadt wiedererweckt. Es schildert, wie sich viele Bürger den öffentlichen Raum auf mannigfache Weise aneignen und wie sie ihn verändern. In Zeiten des Hyperindividualismus wird er zu einem Raum geteilter Erfahrungen, zu einem Forum, in dem sich die kollektiven Interessen bündeln und neues Gewicht erlangen.

Occupy & Arabellion: die Stadt als Ort des Aufbegehrens

Besonders eindringlich zeigte sich das, als 2010 und 2011 die Menschen in Nordafrika zu Widerstand und Umsturz aufriefen, vielerorts die Revolution wagten und – befeuert von den Kontaktbörsen des Internets – Orte wie der Tahrir-Platz in Kairo zu Synonymen des friedlichen Neubeginns wurden. Fast zeitgleich bildeten sich in New York, Madrid, Frankfurt am Main und vielen anderen Großstädten breite Protestbewegungen, viele von ihnen unter dem Schlagwort Occupy, und wiederum erwies sich der öffentliche Raum als unverzichtbar: Die Demonstranten bauten auf hartem Pflaster und in den Parks ihre Zelte auf, nicht zuletzt als ein

Zeichen des realen, greifbaren Protests gegen die ungreifbar-abstrakten Mächte der Finanzwirtschaft.

Dabei verdankte sich die Bewegung selbst jenem System der Datenleitungen, das den sogenannten Informationskapitalismus und die computergetriebene Spekulation an den Börsen erst möglich macht. Ohne das Internet, ohne Verständigungs- und Mitteilungsmöglichkeiten wie Facebook oder Twitter hätten die Proteste nicht so schnell anschwellen können, man bestärkte sich gegenseitig. Zumindest für einen Moment konnte man den Eindruck gewinnen, als habe sich nach der Ökonomie auch die öffentliche Kritik an dieser globalisiert. Sogar eine gemeinsame Ikonographie – zu der die Guy-Fawkes-Maske ebenso gehört wie das Igluzelt – konnte sich binnen weniger Wochen herausbilden. Erstaunlich aber war vor allem, wie einig sich die Demonstranten waren, dass sie für ihren Protest zwingend des öffentlichen Raums bedurften.

Viele Soziologen und Stadtforscher hatten lange etwas anderes prognostiziert: Protest und Debatten, jede Art von Öffentlichkeit, all dies würde sich auf digitale Foren, Chatrooms und Blogs beschränken, so ihre Annahme. Im Zeitalter der oft beschworenen Cybervilles, der Wired Citys, Teletopias komme es auf den einzelnen Ort nicht länger an. Doch ist von diesen Visionen, die manchen bereits sehr konkret vor Augen standen, nur wenig geblieben. Das Netz ist mächtig, aber nicht allmächtig geworden. Und es zeigt sich, dass der städtische Raum weiterhin einige wichtige, unverwechselbare Qualitäten bereithält: für große Bewegungen wie Occupy, für die Aufstände des Arabischen Frühlings oder für Bürgerproteste, die sich gegen Großprojekte wie einen Bahnhof (in Stuttgart) oder die Bebauung eines Parks (in Istanbul) wenden. Der Widerstand wäre nichts ohne die

Asphaltwirklichkeit. Erst dort entzündet er sich, tritt medienwirksam in Erscheinung, erst dort wird für den Einzelnen realiter spürbar, was sich in den Foren des Netzes lediglich erahnen lässt: dass er nicht allein ist.

Und so profitiert die Stadt von der wirtschaftlichen und kulturellen Globalisierung. Denn während die Bedeutung der Nationalstaaten so rasch schwindet, wie sie im 19. Jahrhundert entstanden war, erblickt eine wachsende Zahl von Menschen in ihrem urbanen Umfeld einen Handlungsraum, der sich überschauen und gestalten lässt. Sie begegnen der eigenen Hilflosigkeit, den Ohnmachtsgefühlen angesichts weltumspannender Kapitalinteressen, indem sie sich mit Gleichgesinnten zusammentun und im Lokalen eine Antwort auf globale Probleme suchen, zum Beispiel auf den Klimawandel. Etliche schließen sich der Transition-Town-Bewegung an, 2005 von dem Briten Rob Hopkins ins Leben gerufen, und wollen im Verbund mit anderen ihre Stadt unabhängig vom Öl machen. Manche pflanzen Nussbäume auf öffentlichem Grund, andere bauen Fahrradrikschas, die den öffentlichen Nahverkehr bereichern sollen, dritte versuchen sich am Hausbau mit Strohballen oder entwerfen Dächer, die sich für sogenannte Solarbürgeranlagen eignen. Und stets wissen sich alle Beteiligten über das Internet miteinander verbunden und unterstützen sich gegenseitig mit Anregungen. Auch einige Kommunen lassen sich vom Erfindungsreichtum und Tatendrang anstecken und rühmen sich offiziell, eine Transition Town zu sein. Über 450 haben sich bereits angeschlossen.

In der Stadt, so scheint es, lässt sich die Zukunft noch gewinnen. Sie bietet den Platz für Wut, Protest und für politischen Gestaltungswillen. Sie wird zum Labor für alle, die nicht länger an große Utopien glauben, dafür aber daran, dass sich die Gegenwart zum Besseren verändern lässt. Ob Wohnungsbau oder Altruismus, Verkehrsprobleme, Schönheit oder kollektives Gedächtnis, zahlreiche gesellschaftliche Belange und Fragen lassen sich im Namen der Stadt umwälzen. Sie gilt als der richtige Ort des Räsonnements über alles, was wichtig ist. Die Stadt wird zum Brennpunkt eines erhofften Aufbruchs.

Alltagsurbanismus: die Wiederentdeckung des Öffentlichen

Dass der öffentliche Raum ein Raum des Widerstands und der politischen Neuorientierung sein kann, dass er trotz aller Medialisierung weiterhin gebraucht wird, ist allerdings nur das eine. Fast bemerkenswerter noch ist etwas anderes und soll deshalb in diesem Buch im Mittelpunkt stehen: Auch im Alltag gewinnt die Stadt als vitaler und vitalisierender Raum eine neue Bedeutung. Alle, die wie der Architekt Rem Koolhaas meinten, »Shopping dürfte wohl die letzte noch übrig gebliebene Form öffentlicher Aktivität sein«, werden eines Besseren belehrt.[2] Bei vielen Menschen wächst die Bereitschaft, sich auf ungewohnte Spielformen des Öffentlichen einzulassen. Manche begeistern sich für Flash- und Smartmobs, bei denen sich Menschen über das Internet oder per SMS-Mitteilungen zu skurrilen Kurzaktionen verabreden, in München etwa zum Polkatanzen vor der chinesischen Botschaft oder in Köln zu Kissenschlachten auf städtischen Plätzen, so lange, bis wilde Federwolken fliegen. Andere verlegen sich auf das Guerilla Knitting,

2 Chung, Chuihua Judy/Jeffrey Inaba/Rem Koolhaas/Sze Tsung Leong (Hg.), 2002, *The Harvard Design School Guide to Shopping*, Köln: Taschen.

bei dem sie besagte Parkuhren, Brückengeländer oder Verkehrsschilder bestricken und so dem rauen, abweisenden Körper der Stadt eine zweite, wärmende Haut verleihen. Wieder andere statten den öffentlichen Raum mit selbst gebauten Bänken und Stühlen aus, eine Unternehmung, die in den USA unter dem Namen Chair Bombing bekannt ist. Das sogenannte Planking findet ebenfalls viele Anhänger. Dabei fotografieren sich Menschen, wie sie mit gestrecktem Körper auf Brückengeländern oder U-Bahn-Treppen balancierend liegen, um dann ihre Bilder ins Internet zu stellen. Überhaupt wird der öffentliche Raum von vielen als ein Ort des Abenteuers erfahren, durchaus auch in politaktivistischer Hinsicht: Ob Adbusting (Verfremdung von Werbeplakaten) oder Containern (Durchwühlen von Behältern nach essbaren Supermarktabfällen) – der öffentliche Raum wird als gesellschaftlicher Raum verstanden, der allen gehört und den sich jeder aneignen und gestalten darf.

Eine stille Anarchie scheint viele Menschen zu erfassen, vor allem die jüngeren: Sie begreifen noch die hässlichsten Parkhäuser als Übungsplätze für athletische Kunststücke (Parkour), verwandeln betonierte Straßenränder in kleine Blumenbeete (Guerilla Gardening), machen aus Stromkästen Kunstwerke (Street Art) oder erklären verwaiste Stadtplätze zur neuen Partyzone (Outdoor Clubbing). Und wiederum ist das Internet, sind Facebook und Twitter oft Katalysatoren. Hier gibt es die nötigen Hinweise, hier wird überwunden, was als städtische Anonymität lange gefürchtet war. Von einem Mitmach-Urbanismus ließe sich sprechen, von Kreativ- oder von Wohlfühl-Urbanismus, denn ähnlich wie die Gesellschaft sich pluralisiert hat, bilden sich auf den Straßen und Plätzen höchst diverse Formen und Funktionen von Gemeinschaft. Und wohl gerade deshalb zieht es viele Menschen in die Stadt: Sie erweist sich als Möglichkeitsraum, offen für widerstreitende Interessen. Bei aller Unterschiedlichkeit wird die Begeisterung für das Urbane gleichwohl von einem gemeinsamen Verlangen getragen: nach Rück- und Anbindung, auch nach neuen Arten der Verbindlichkeit. »Wir sind die Stadt!«, der Titel dieses Buches, ist kein Schlachtruf und keine Werbeparole, er benennt eine von vielen geteilte Empfindung. Häufig ist es nur eine Sehnsucht, in der digitalen, flüchtigen, versprengten Gegenwart einen Ort zu kennen, der auf andere Weise vernetzend wirkt als das Internet. Der reale Raum erscheint als Gegenpol zur virtuellen Sphäre. Hier ist greif- und spürbar, was in der Bildschirmwelt nur vorüberflackert.

Paradoxerweise wäre es aber ohne die digitalen Techniken nicht zu einer Neubelebung der Stadt gekommen. Denn obwohl manche von einer Insel des Realen träumen und diese in der Stadt erblicken mögen, hat sich der klassische Antagonismus zwischen der digitalen und der nichtdigitalen Sphäre längst verflüchtigt. Für die meisten Menschen ist das Leben zwittrig geworden, das Virtuelle durchdringt den öffentlichen Raum, seitdem Smartphones es jedem erlauben, das Internet in der Hosentasche mit sich zu tragen. So gibt es auch für die Denk- und Handlungsweisen vieler Menschen keine festen Grenzen: Das Netz prägt ihr Verhalten im öffentlichen Raum. Ihre Bereitschaft, sich einzumischen, sich mit anderen kurzzuschalten, etwas gemeinsam zu gestalten, ihre Erfahrung, dass sich hier etwas verändern und dort etwas überarbeiten lässt, ihr Verlangen, sich selbst als handelndes Subjekt zu erfahren, all das bestimmt die Kultur des interaktiven Internets – und alldem verdankt die Stadt der Digitalmoderne viel von ihrer wachsenden Vitalität. In schönster Dialektik bestärkt ausgerechnet jene Technik das urbane Leben, von der es einst hieß, sie würde alles Städtische in sich aufsaugen, weil der Mensch fürderhin jegliche Bedürfnisse befriedigen könne, ohne das eigene Heim zu verlassen, einfach per Knopfdruck und Datenleitung.

Von der Öffnung zur Öffentlichkeit – ein Ausblick

Wie tief die geschilderten Veränderungen reichen und tragen, ob sie die conditio urbana dauerhaft bestimmen werden, darüber lässt sich nur spekulieren. Es gehört zu den Rätseln der Stadt, dass sie von Menschen gemacht ist und sich doch ihrer Kontrolle weithin entzieht. Es gibt für alles und jedes Vorschriften, Regeln, Pläne, um die urbane Maschine möglichst reibungslos laufen zu lassen. Wie attraktiv und lebendig am Ende ein Viertel aber ist, darüber entscheidet am wenigsten die blanke Funktionalität. Urbanität lässt sich nicht erzwingen, egal, wie liebevoll die Architektur gestaltet sein mag, wie viele Bänke, Sitzmulden, Freilichttheater von den Planern installiert werden und wie schön oder hässlich die Designerlampen, -mülleimer oder -spielgeräte auch sind. Urbanität wächst aus dem Unbestimmten, sie entspringt einem heiklen Wechselverhältnis aus Intensität und Gelassenheit, einer Spannung aus Vertrautem und Überraschendem, aus einer Mischung gesicherter und unsicherer Räume, freier und vorbestimmter Plätze, aus Bewohnern, die mal reicher, mal ärmer, mal fremd, mal einheimisch sind. Es ist diese nicht programmierbare Balance, die aus einer bloßen Ansammlung von Häusern jenes soziale Zusammenspiel werden lässt, das man Urbanität nennt. Und oft genug beginnt sich just dort etwas zu regen, wo niemand es behördlicherseits vorgesehen hatte.

Von diesen Eigenarten des Urbanen, von dem Leben im öffentlichen Raum, das kein Masterplan erzwingen kann, will dieses Buch erzählen. Es beleuchtet, wie sich durch die neuen Techniken das Bewusstsein für die Stadt wandelt, auf welche Weise sich das Empfinden von Raum und Zeit verändert und auch das Verhältnis zwischen Privatem und Öffentlichem ein anderes wird. Dabei richtet sich der Blick vor allem auf die europäischen und nordamerikanischen Städte, denn selbst diese sind in vielen Aspekten ihrer Geschichte und Prägung derart verschieden, dass sich allgemeinere Feststellungen nur treffen lassen, wenn man bewusst über die feinen Unterschiede hinwegsieht. Zöge man asiatische oder afrikanische Metropolen hinzu, wie es gern getan wird, wenn vom Jahrhundert der Städte die Rede ist, so vergliche man kulturelle Phänomene, die sich redlicherweise nicht vergleichen lassen. Zumal dem öffentlichen Raum, diesem aus der Antike abgeleiteten Idealbild einer von freien Bürgern geprägten *urbs*, ohnehin in weiten Teilen der Welt eine andere Bedeutung zugemessen wird. Dort lässt sich von einer neuen Inbesitznahme der Straßen und Plätze schon deswegen nicht sprechen, weil der Besitz nie verloren schien und es an städtischer Lebendigkeit nicht mangelte.

Was aber bedeutet die urbane Neubesinnung in Europa und Nordamerika? Dieses Buch erkundet, welche gesellschaftlichen Ideale neu formuliert werden und welches Glück der je Einzelne im öffentlichen Raum zu finden hofft. Ob die Stadt der Digitalmoderne einen Strukturwandel durchläuft, der auch die diskursive, argumentierende und also politisch handelnde Öffentlichkeit wiederbelebt, diese Frage soll abschließend diskutiert werden. Es ist eine Wanderung über die urbanen Felder und Fluren, ein essayistischer Ausflug ins Unterholz und auf die zugigen Höhen, wo es schon deshalb keine abschließenden Gewissheiten zu besichtigen gibt, weil so vieles im Werden und im Wandel ist. Einiges muss man skeptisch beäugen, anderes kann man rätselnd-erfreut in Augenschein nehmen. Eine lohnende Unternehmung ist diese Wanderung jedoch in jedem Fall, weil im Spiegel der Stadt erkennbar wird, wie ausgeprägt die Bereitschaft vieler Menschen ist, sich auf neues Terrain zu begeben und mit manchen Gewohnheiten zu brechen: um sich selbst besser kennenzulernen und neue Formen der Teilhabe mit anderen zu erproben.

I. Stadt und Gesellschaft
Wie neue Lebensideale das urbane Leben prägen

Seit es Städte gibt, sehen Menschen in ihnen mehr als nur Orte, an denen sie behütet wohnen und sicher einem Gewerbe nachgehen können. Sie sehen mehr als Fassaden und Silhouetten, denn in dem, was einige das größte Artefakt des Menschen nennen, bewahrt sich stets eine petrifizierte Form von Welterfahrung. Nicht nur materielle, auch ideelle Werte werden hier gehandelt und hinterlassen ihre Spuren in der Stadtgestalt. Wie die Häuser zueinander stehen, welche Bedeutung den Alleen, Plätzen und Parks zukommt, kündet stets vom Zueinander der Menschen und von der Geschichte ihrer geteilten Räume. Mehr noch: Die Stadt speichert nicht nur gesellschaftliche Ideale, sie scheint diese ebenso in die Gegenwart hineinzutragen und das Zusammenleben auf unterschwellige Weise mitzubestimmen. Wie weit aber geht diese Art der Mitbestimmung?

Erst prägen Menschen die Stadt, dann prägt die Stadt ihre Menschen – dieses Ideologem erwies sich lange als quicklebendig, vor allem im 20. Jahrhundert, das wie keines vor ihm an die gute Form glauben wollte, an jene Kraft, die einen neuen Menschen möglich machen würde. Entsprechend allergisch reagierten viele Planer auf die alte, nicht so gute Form. Und sie verspürten den verschärften Wunsch, möglichst viel von den gebauten Hinterlassenschaften loszuwerden, um ein eigenes, freies Regiment der architektonischen Dinge zu errichten. Nie zuvor wurde mehr gebaut, nie wurde mehr zerstört. Die Moderne träumte von der Tabula rasa, vom Neuanfang.

In der Digitalmoderne, in der so vieles im Verborgenen der Mikroprozessoren geschieht, Auge und Hand entzogen, verliert der alte Ding-Fetisch, dieser Glaube an die Macht der Form, seine Bedeutung. Und demgemäß hat sich das Verhältnis vieler Planer zur gebauten Umwelt gewandelt: Sie haben gelernt, sich im Bestehenden einzunisten und vorgefundene Bauten der eigenen Zeit und ihren Zwecken anzuverwandeln. Hehre Utopien sind ihnen fremd, und wenn sie Veränderung suchen, dann im Modus des Pragmatismus. Die Welt braucht nicht neu erfunden zu werden, so das Credo; es reicht sie hier zu reformieren, dort zu ergänzen und stets im Kleinen mit dem Großen zu beginnen. War die klassische Moderne von der absoluten Machbarkeit der Welt überzeugt, so träumt die Digitalmoderne nicht von Erlösung und kann sich eine final beglückte Gesellschaft nicht vorstellen. Wenn überhaupt, hofft sie auf eine Welt 2.0 oder 3.0, auf optimierte Versionen des Bestehenden, der selbstverständlich weitere Versionen folgen werden.

Auch diese Moderne fußt auf dem Glauben an die Machbarkeit, doch nicht in einem totalen, sondern in einem vorläufigen Sinne. Das Netz ist nicht zufällig ihre wichtigste Metapher: das Fortspinnen und Erweitern, das Neuverknüpfen und Knotenlösen, das ebenso Fragile wie Bewegliche ist darin aufgehoben und prägt das Verhältnis zu dem, was ist und was kommen könnte. Sowenig sich die Gegenwart emphatisch auf die Zukunft wirft, so gering ist umgekehrt der Widerwillen, mit dem sie die Vergangenheit betrachtet. War diese in der linear denkenden Moderne von vielen als bedrohliche Last empfunden worden, sieht man sie jetzt, im Zeitalter der Gleichzeitigkeit, eher entspannt und mit Interesse. Schließlich gilt in der Digitalmoderne so ziemlich alles als wandelbar, selbst das historisch Gewordene lässt sich anders und neu bestimmen und im Zweifel rekonstruieren. Fluidität heißt der neue Leitwert. Die Dinge sind im Fluss, wie die Begriffe und das eigene Ich. Alles erscheint relativ: Die Digitalmoderne hat ihre Lektion gelernt.

Kunst als Leitmedium gewandelter Weltwahrnehmung

Wie sehr das auch die Wahrnehmung der Stadt und ihrer Räume verändert, lässt sich bereits daran erkennen, dass einander verwandte kulturelle Disziplinen wie Kunst und Architektur ein oftmals nonlineares, entgrenzendes Verhältnis zu ihren Gegenständen entwickeln. Eine große Zahl von Künstlern versteht sich nicht länger als Objektemacher, sie wollen nichts herstellen, was sich an eine Wand hängen und auf der nächsten Auktion verkaufen ließe. Ihre Kunst sucht das Hier und Jetzt, und so verwandeln sich Ausstellungen nicht selten in Aufführungen, werden Museen zu Bühnen, auf denen gezetert, gelacht oder meditiert wird. Die leibliche Erfahrung wird gelegentlich wichtiger als die visuelle Betrachtung. Aus dem herkömmlichen Besucher wird ein Erkunder und Entdecker, jemand, der die Kunst mit allen Sinnen zu spüren bekommt. Etwa, wenn der Künstler Ryan Gander einen sanften Wind durch die Ausstellungsräume wehen lässt oder wenn Anthony McCall das Museum in ein tiefes Dunkel taucht, das nur vereinzelt von klirrend hellen Spots erhellt wird, einem Licht, in dem die Menschen duschen, baden, von dem sie sich erfassen lassen. Es sind irreal-reale Erfahrungen, so wie sie auch das Horizon Field von Antony Gormley bietet, nichts weiter als eine große, polierte Fläche, aufgehängt in acht Meter Höhe, das die Museumsbesucher über eine Treppe begehen können. Viele sitzen, hüpfen oder beobachten nur, wie andere diese hoch abstrakte und doch ganz und gar unabstrakte Kunst für sich vereinnahmen. Manche fotografieren, aber die schwankende Erfahrung, das leichte Zittern, das manchmal durch die glatte Fläche läuft, lässt sich so wenig auf einem Bild einfangen wie die heiter-beschwingte Stimmung.

Die alte Gegenüberstellung – hier das Bild, dort der Mensch – löst sich auf. Die Vereinzelung weicht der Kollektiverfahrung, einem temporären Miteinander. Vorbei sind die Zeiten, in denen die Künstler eine höhere Wahrheit auf ihrer Seite wähnten und die Ausstellungsbesucher nicht selten erzogen werden sollten: Aufklären, aufrütteln, das Bewusstsein erweitern, das war die Mission. Dieses Avantgardedenken ist fast überall vaporisiert. Mit diesem verschwand das Künstlergenie, das permanent Neues hervorzubringen hat und sich zugleich zu den Ursprüngen vorkämpfen soll, zu jener Quelle, die auf Lateinisch *origo* heißt und im Begriff der Originalität bis heute fortlebt. Unterdessen ist die Wertordnung der Kunst eine andere geworden: Etliche Künstler interessieren sich nur wenig für Quellen, sie wollen nicht unbedingt kreativ sein, sondern verlegen sich auf das, was manche Rekreativität nennen. Eine Kunst mit großem R: Recycling und Reenactment, Reproduktion und Reprise, Remix, Ripping und Remake. Sie erkunden offenen Blicks die reichen Gefilde der Kunstgeschichte, durchstreifen die Alltagswelt der Bilder und Objekte – und präsentieren ihre Funde zumeist als Variationen des Bekannten. Ihre Kunst verstehen sie als eine Form der Aktualisierung. Was eben noch abgelegt, verstaubt und in kunsthistorischen Begriffen eingesperrt schien, bekommt ein heutiges Gesicht. Statt also die anderen Künstler, die alten wie die jungen, als Konkurrenten zu betrachten, sehen sie in ihnen eher Geschwister.

Und es kommt ihnen völlig selbstverständlich vor, dass sie die Kunst geschwisterlich teilen. Geistiges Eigentum und Urheberrecht sind für viele verstaubte Begriffe. Sie nehmen sich, was sie brauchen, und haben nichts dagegen, dass sich andere wiederum bei ihnen bedienen. Die Kunst, so kann man den Eindruck gewinnen, wird mehr denn je als ein kollektiver, unabgeschlossener Vorgang verstanden, der die Vergangenheit ebenso einbindet wie das, was in der Gegenwart an Bildern produziert wird. Auch das lässt sich als Liquidität bezeichnen, als ein schrankenloses Verhältnis zur Welt, ohne jeden falschen Respekt vor dem Angestammten.

Auf Unvollkommenes bauen: Neue Architektur entsteht

Vergleichbares entwickelt sich überall dort, wo geplant und gebaut wird, in der Architektur, ohne die sich Stadt und Raum nicht denken lassen. Meist dominiert hier weiterhin ein Denken in festen Regeln, ein Haus hat vielen Vorschriften und Ansprüchen zu genügen. Es ist dem Wesen nach weit technischer als ein Kunstwerk und wird daher eher als Maschine begriffen, die klare Funktionen erfüllen muss und einer mechanischen Logik gehorcht. Der Architekt als Weltenretter, der allen zu sagen weiß, wie die Zukunft zu meistern wäre, ist zwar so gut wie ausgestorben. Doch in der Liebe zur exaltierten Form, wie sie manche der sogenannten Stararchitekten gerne hervorbringen, zeigt sich mitunter noch das alte Genie. Anders als die klassischen Avantgarden träumen diese Baumeister nicht von der befreiten Gesellschaft, sondern nur von befreiten, den Zumutungen des alltäglichen Gebrauchs enthobenen Formen. Diese werden mit entsprechendem Pathos inszeniert:

als reine Kunst. Gegen diese Glitzer- und Glamourprojekte und gegen die eisige Stupidität der üblichen Bürohaus- sprich Renditearchitektur, setzen insbesondere die jüngeren Architekten ein Bauen ohne Gültigkeitsanspruch. Ähnlich wie viele Künstler üben sie sich im Wieder- und Umnutzen des Vorhandenen, und nicht selten greifen sie bewusst zu billigen Materialien, zu gelben Betonschalungsplatten, die als Wohnungsdecken dienen, oder zu Gerüststangen, die als tragende Säulen fungieren. Warum nicht ein Haus aus alten Waschmaschinen bauen? Oder aus Windschutzscheiben und Autoreifen? Selbst Kühlschranktüren, Küchenspülen oder die Rotorblätter einer ausgedienten Windturbine sind den Mitarbeitern des Rotterdamer Büros 2012Architecten willkommen. Sie errichten aus all dem, was andere auf die Deponie karren würden, aufregende Pavillons, Spielplätze, sogar Wohnhäuser. Und manchmal weiß man nicht genau, was sie da eigentlich im Sinn hatten: Ihre Miele Space Station zum Beispiel könnte alles sein, Musikladen und Bar, Laufsteg für eine Modenschau, Pressezentrum eines Musikfestivals und Pizzarestaurant.

Diese Planer pflanzen keine Ikonen in die Landschaft, lassen auch keine Ideale vom Himmel fallen, sondern erkunden das Unfertige und suchen sich ihre Lücke. Das Abweisende umzubiegen in etwas Einladendes, das lang Vertraute neu zu erkunden, endlich hinauszugehen ins Unbeliebte der Vorstadt und der Gewerbegebiete, all das gehört zum Programm dieser Architekten. Sie pflegen ein Faible für das Unerwartbare, das mitten im Normalen nistet. Sie berauschen sich nicht am schier unendlichen Formenkosmos ihrer Computerprogramme, sondern an der Wirklichkeit. Ihr Held heißt nicht Steve Jobs, sondern Marcel Duchamp. Als wären sie die Urenkel des französischen Künstlers, der einst einen Flaschentrockner zum Kunstwerk adelte, sammeln sie ein, was immer sie finden, Ladenschilder, Fahrradschläuche oder alte Kabeltrommeln, und machen daraus Architektur. Natürlich hat diese Liebe für billige Baumaterialien auch damit zu tun, dass ihre Büros meist nur kleine Aufträge bekommen und es häufig an Geld mangelt. Und doch scheint da eine Generation mit gewandelten Idealen heranzuwachsen: Anders als viele Architekten des 20. Jahrhunderts treibt sie nicht die Sehnsucht nach der idealen Stadt, dem makellosen Bauwerk oder gar nach einer architektonischen Universalnorm, mit der jetzt und für immer die Wohnungsfrage oder ähnlich Existentielles gelöst wäre. Die Moderne wollte das Chaos domestizieren, sie wollte Ordnung in die Unordnung bringen. »Baukunst ist Typenbildung«, ließ Le Corbusier wissen. »Typen sind Sache der Logik, der Analyse.«[3] Von solcher Art Ratio wollen die Digitalmodernen nur wenig wissen. Eher lassen sie sich vom Zufall inspirieren. »Konstruiere gesellschaftlich Wertvolles aus wertlosem Zeug«, proklamieren die Mitglieder des Büros DUS Architects aus Amsterdam in ihrem *Momentary Manifesto for Public Architecture*.[4] Und dieses veränderte Bewusstsein für die Dinge prägt ihre Haltung und die vieler anderer junger Büros. Sie wollen nicht für die anonyme Masse bauen, nicht für abstrakte Nutzungen. »Jeder ist Amateur und Experte«, schreiben die Mitglieder von DUS Architects und plädieren für eine Ästhetik des Informellen und Legeren. Diese Lust der Architekten am Collagieren und Intervenieren, an jenen Methoden, die sich auch unter Künstlern gro-

---

3 Le Corbusier, 1969, *Ausblick auf eine Architektur*, Berlin/Gütersloh: Bauverlag, S. 114.
4 Das Manifest ist online verfügbar unter: {http://www.dusarchitects. com/officeprofile.php?menuid=manifesto} (Stand: Juni 2013).

ßer Beliebtheit erfreuen, sie kommt nicht von ungefähr. In erstaunlich vielen der Planerbüros arbeiten nicht nur Architekten, sondern ebenfalls Musiker, Bildhauer oder Designer. Und so beginnt sich das klassische Berufsbild aufzulösen. Diese Architekten interessieren sich für das Mögliche im Unmöglichen, dafür, wie sich im scheinbar Hässlichen, im vermeintlich Unbewohnbaren eine Lücke finden lässt. Während ältere Kollegen die monströs verbauten Innenstädte am liebsten abreißen würden, machen sich die neuen Pragmatiker daran, selbst entlang lärmender Autoschneisen lebenswerte Räume zu erschließen. Ihre Kunst ist die des Anfügens, Abtrennens, Weiterbastelns und das Bauen wird zum Prozess mit offenem Ausgang, vieles darf und soll improvisiert werden. Auch hier ist die Gegenwart liquide: Keine Form ist für immer. Und so konnte das Zwischennutzen, das Entwidmen ausgedienter Gebäude, in denen sich neue Bedürfnisse einschleichen und einrichten können, zu einer der beliebtesten Methoden aufsteigen, um urbane Quartiere neu zu beleben.

Wohnen und Arbeiten: Die Stadt wird Projektionsraum

So wie sich die Beziehung vieler Künstler zu ihren Werken neu definiert, so wie auch etliche Architekten ihre Häuser anders wahrnehmen und die Atmosphäre nicht selten wichtiger wird als die technischen Qualitäten, so verändert sich die Beziehung zahlreicher Menschen zu ihrer Stadt. Es wäre reine Spekulation, wollte man behaupten, dass die Künstler und Architekten diesen Beziehungswandel vorgelebt und inspiriert hätten. Obwohl es unzählige Projekte, Aktionen, Interventionen gab und gibt, die die Wahrnehmung des städtischen Raums öffnen, den Blick auf den Reiz des Ephemeren lenken und die Menschen zu eigenem Handeln ermutigen möchten, sollte man voreilige Schlussfolgerungen meiden. Eher ist es wohl ein gesamtgesellschaftlicher Wertewandel, der die alten Städte wieder zu einem Projektionsraum macht.

Einst, im 19. Jahrhundert, waren sie so attraktiv und vital wie heute viele der neuen Megacitys in Asien, Afrika oder Lateinamerika. Dank der Industrialisierung wuchsen sie über sich selbst hinaus, binnen weniger Jahrzehnte vervielfachte sich die Bevölkerung. Die Stadt war ein Versprechen auf Wohlstand und Freiheit. Hier, so glaubten viele, könne ein jeder zu dem werden, der er sein möchte, jenseits aller Standesregeln. Und dieses Versprechen galt, solange die Städte prosperierten. Spätestens aber, als die Wachstumseuphorie in den siebziger Jahren verflog und das postindustrielle Zeitalter heraufdämmerte, wirkte es, als habe sich die Stadt als Ort schier unbegrenzter Möglichkeiten erübrigt. Ein Eindruck, der täuschte. Denn im Zeitalter des sogenannten Postmaterialismus hat das urbane Leben viel von seiner Verheißung zurückgewonnen. Nicht, dass die Stadt unbedingt monetären Reichtum verspräche, dafür aber lässt sie auf einen Reichtum an Möglichkeiten hoffen. Nirgendwo sonst finden offenbar jene Bedürfnisse, die sich mit Geld nur selten befriedigen lassen, einen besseren Ort: das Bedürfnis nach Kreativität, nach Zugehörigkeit, nach geistigem Austausch ebenso wie das Bedürfnis nach Kontemplation und nach dem Gefühl, etwas verändern zu können.

Im 20. Jahrhundert hielten viele Menschen das eigene Häuschen für das Zentrum und Ziel ihres Lebens, es versprach Frieden, Sicherheit und Familienglück. Auch politisch war dieses Streben nach dem eigenen Heim, dem »festesten

Bollwerk gegen den Bolschewismus« überaus erwünscht.[5] Doch mit dem Anbruch der Digitalmoderne beginnen sich die Leitbilder zu wandeln. Nicht wenige sprechen von einer Rückbesinnung auf das urbane Leben, womit vor allem gemeint ist, dass viele Planer nun die dichte, durchmischte Stadt der kurzen Wege propagieren und mehr Menschen in solchen Quartieren wohnen möchten. Tatsächlich sinkt in etlichen (nicht in allen Regionen) die Nachfrage nach dem alten Ideal, nach dem frei stehenden Einfamilienhaus im Grünen. Jahrzehntelang fraßen sich die Städte immer weiter hinein ins Umland, nun aber gelangt die Zersiedelung vielerorts an ein Ende und von einer »Renaissance der Stadt« ist die Rede.[6] Das Wachstum nach außen, das stets einer Aushöhlung des Kerns gleichkam, scheint vielerorts gestoppt. Wachstum nach innen heißt die neue Bewegung.

Die wichtigste Triebkraft dieses Wandels ist gewiss die Individualisierung. Der Wunsch, die eigene Existenz aus den üblichen Rastern zu lösen und ein Leben eigenen Stils zu führen, lässt sich in einem urbanen Viertel, dort, wo die Vielfalt wohnt, leichter erfüllen. Suchten vormals die meisten Menschen nach lebenslanger Bindung und nach Halt, in einem Beruf, einer Ehe, einem Verein, so verlegen sich unterdessen viele auf Kurzzeitbündnisse. Es gilt, so ein verbreiteter Topos, »sich immer wieder neu zu erfinden«. Anders als noch in den Nachkriegsjahrzehnten, als viele Arbeiter und An-

5 Zitiert nach: Mästle, Constanze, 2006, *Verdichtete Wohnformen und ihre Akzeptanz bei den Bewohnern: Eine Gebäudeevaluation aus der Nutzerperspektive*, Göttingen: Cuvillier, S. 18.
6 Läpple, Dieter, 2004, »Thesen zur Renaissance der Stadt in der Wissensgesellschaft«, in: Norbert Gestring et al. (Hg) *Jahrbuch StadtRegion 2003. Schwerpunkt: Urbane Regionen*, Opladen: Leske + Budrich, S. 61-77.

gestellte ihr Leben bis zur Pensionierung im selben Beruf, am selben Ort zubrachten, sehen sich heute viele gezwungen, eine volatile Existenz zu führen. In etlichen Arbeitsfeldern wird Flexibilität als oberste Tugend gehandelt; nicht das stetige, sondern das veränderliche, kreative, nicht von Orten, sondern von Netzen bestimmte Schaffen ist nun gefragt. Die Produktionsmittel von einst waren in der Regel riesige Maschinen, schwer und unverrückbar; heute, in der Digitalmoderne, sind es Maschinchen, Computer, die man sich unter den Arm klemmen kann, überall einsetzbar.

Die Stadt bietet für dieses postindustrielle Wirtschaften, in dem die Leistung des Muskelkörpers weniger gefragt ist als die des Kopfes, die besten Voraussetzungen. Dynamik, Veränderung, Aufbruch gelten lange schon als Kernwerte der Großstadt. Entsprechend wird mancherorts versucht, die Kreativität wie eine Ressource zu kultivieren, in eigens für diesen Zweck definierten Quartieren. Und immer sind es jene Viertel, die einen öffentlichen Raum anbieten, der nicht aseptisch aufgeräumt, nicht grün, nicht monofunktional bestimmt ist, sondern Auswahl und Überraschung in Aussicht stellt. Insbesondere die wachsenden kreativen Ökonomien streben nicht nach Suburbia, nicht ins Eigenheim, sondern in die Mitte der belebten Stadt.

Binnen weniger Jahrzehnte haben sich die Formen des Arbeitens und des Zusammenlebens gelockert. Was einst auf Dauerhaftigkeit angelegt war, weicht temporären Konstellationen. Zwar ist die Kleinfamilie nicht ausgestorben, längst aber gibt es in vielen Städten mehr Haushalte, in denen Singles leben oder Wohngemeinschaften, Paare ohne Kinder oder Alleinerziehende. Und weil das klassische Modell mit Vater, Mutter und zwei Kindern vielen nicht mehr als wichtigster Garant gesellschaftlicher Stabilität gilt, hat auch das eigene stabile Zuhause einiges von seinem Symbolwert eingebüßt. Das Häuschen im Grünen, das so lange der Inbegriff des Glücks war, erbaut, um alle Krisen und mehrere Generationen zu überdauern, wird oft nur mehr als »Lebensabschnittsimmobilie« verstanden.[7]

Das abgeschiedene Wohnen in der Vorstadt, weit entfernt von den Stätten der Arbeit, erweist sich als wenig tauglich, wenn anders als ehedem nicht allein der Mann, sondern auch die Frau das Geld verdient. Die klassische Hausfrau hat als Rollenbild für viele ausgedient, und damit ist die Rolle des Hauses ebenfalls nicht selten eine andere. Das Haus soll ein Ort des Rückzugs, zugleich aber gut angebunden sein. Denn in zentrumsnahen Wohnlagen lassen sich Beruf und Familie weit besser vereinen: ohne lange Anfahrtszeiten, ohne lange Einkaufswege und mit der Kindertagesstätte oder der Tagesmutter gleich in der Nebenstraße. Da erweist sich das urbane Leben als flexibler und zeitgünstiger und damit als familienfreundlicher. Wo könnten sich die Patchwork-Biographien der Gegenwart besser aufgehoben fühlen als im Patchwork der gemischten Stadt?

7 Zitiert nach Flohé, Alexander/Reinhold Knopp, 2009, »Umkämpfte Räume – Städtische Entwicklungen, öffentliche Räume und die Perspektiven Jugendlicher«, in: Ulrich Deinet, Heike Okroy, Georg Dodt und Angela Wüsthof (Hg.), *Betreten Erlaubt! Projekte gegen die Verdrängung Jugendlicher aus dem öffentlichen Raum*, Opladen/Farmington Hills (MI): Barbara Budrich, S. 30.

Doch haben sich nicht nur die Idealvorstellungen des Wohnens und Arbeitens gewandelt, und es ist keineswegs bloß der Pragmatismus, der die Stadt wieder in den Mittelpunkt vieler Lebensentwürfe rückt. Vielleicht stärker noch verdankt sich die urbane Renaissance einem Bewusstseinswandel, einer veränderten Wahrnehmung dessen, was der öffentliche Raum ist und sein könnte. Wie in der Kunst oder der Architektur werden auch hier die Grenzen liquide, weicht die Vorstellung vom abgeschlossenen Werk einer Neigung zur Collage und Koproduktion. War der Raum für die Moderne zumeist ein festumrissenes Behältnis, etwas, das sich geometrisch exakt beschreiben und also mit größtmöglicher Objektivität planen ließ, werden mit der Postmoderne die Raumvorstellungen weich und unbestimmt. Analog zu den Entwicklungen in Kunst und Architektur verliert sich das Interesse an den dinghaften Qualitäten, und der Raum erscheint eher als etwas, das nicht ist, sondern wird, also aus Bewegungen und Vorgängen hervorgeht: ein »Ensemble von Relationen«.[8] Am Ende wäre der Raum nichts, gäbe es nicht die Menschen, die ihn spüren und denken. Sie tragen ihn in sich, so könnte man sagen. Erst ihre Wahrnehmung und ihr Verhalten bestimmen ihn.

Diese Empfindung, dass Raum keine absolute Größe darstellt, sondern eine veränderliche, bleibt für die Beziehung der Bürger zu den öffentlichen Räumen nicht ohne Folgen. Mag der Rest der Stadt mit ihren materiellen Gütern, den Immobilien, auch statisch wirken, der Raum besitzt eine

---

8 Foucault, Michel, 1990, »Andere Räume«, in: Karlheinz Barck, Peter Gente, Heidi Paris und Stefan Richter (Hg.), *Aisthesis. Wahrnehmung heute oder Perspektiven einer anderen Ästhetik*, Leipzig: Reclam, S. 34.

mobilisierende Kraft: als gehöre er dem Reich der Ideen an, obwohl er zugleich immer eine Sphäre der realen Mächte ist. Gerade dieser hybride Charakter macht ihn so reizvoll und unersetzlich.

Tatsächlich lässt sich von einem öffentlichen Raum nur sprechen, wenn die Menschen ihn als offen wahrnehmen, als unfertig und unvollständig; wenn also der Einzelne sich eingeladen fühlt, ihn einzunehmen und wenigstens in Teilen zu vervollständigen, nicht auf Dauer, aber für den Augenblick; wenn die Bewegungen der Menschen nicht formatiert und reguliert werden, sondern der Raum ihnen die Freiheit gewährt, sich in ihm auf die eine Weise oder auf eine ganz andere zu verhalten – und durch dieses Verhalten seinen Charakter zu verändern. Laut singend eine Brücke zu queren, auf einem Bein hüpfend eine Treppe zu erklimmen, rückwärtsgehend einen Platz zu betreten, all das macht aus einem Raum einen anderen, für den Moment. Der Einzelne nimmt ihn auf ungewohnte Weise wahr; und den anderen, die den Einzelnen beobachten, ergeht es ebenso. Möglich ist diese Form des Ungewohnten nur in jenen Räumen, die öffentlich sind, weil sie durch ihre Offenheit dazu einladen, sich in ihnen auszuprobieren.

Recht auf Stadt oder: Die Rückeroberung kann beginnen

Doch ist Raum natürlich nicht nur eine Empfindung, wenngleich er in den letzten Jahren häufig als solche diskutiert wird. Städtischer Raum ist immer auch eine Sache, nämlich des Rechts und der politischen Macht. Was erlaubt ist und was nicht, wo das private Eigentum beginnt und der öffentliche Grund aufhört, ob auf einem Platz demonstriert, gebettelt oder Alkohol getrunken werden darf, all das ist gesetzlich geregelt. Der offene Raum steckt voller Vorschriften und Gebote. Und nicht selten zeigt sich in ihm sehr konkret, welche Interessen die politisch und wirtschaftlich Mächtigen verfolgen. Wenn bestimmte Straßen besser gepflegt sind als andere, wenn manche Plätze in die Obhut privater Geschäftsleute gegeben werden, wenn die Polizei mancherorts Bettler oder Prostituierte auffordert, sich in andere Stadtteile zu verziehen, dann zeigt sich rasch, wie offen der öffentliche Raum tatsächlich ist.

Mit diesem Spannungsfeld aus Freiheit und Vorschrift, aus individuellen Interessen und kollektiven Absprachen haben es die Städte zu tun. In ihm agieren auch die urbanen Bewegungen, die auf Anteilnahme, auf Rückeroberung, auf eine Neubewertung des öffentlichen Raums aus sind. Nicht wenigen Aktivisten scheint er überreguliert und vermachtet zu sein, sie streiten für ihr »Recht auf Stadt«, wie eine verbreitete Parole lautet (ursprünglich geprägt von dem französischen Philosophen und Soziologen Henri Lefebvre[9]). Manche wähnen sich regelrecht im Kampf, wenn nicht sogar im Krieg. Größter Beliebtheit erfreut sich allgemein ein paramilitärisches Vokabular: Von Guerilla Crosswalks ist die Rede, wenn Aktivisten mit weißer Farbe einen Zebrastreifen auf die Straße malen. Es gibt Guerilla Wayfinding, nach Vorlagen im Internet ausgedruckte Hinweisschilder, die mit Plastikbändern an Laternenmasten festgemacht werden. Es gibt Guerilla Swings, an Bushaltestellen und anderen Orten aufgehängte Schaukeln, die sowohl für Kinder als auch für Erwachsene gedacht sind. Es gibt Space Hijackers, die per Facebook, Twitter oder auf anderen Kanälen dazu aufrufen,

9 Lefebvre, Henri, 1968, *Le droit à la ville*, Paris: Anthropos.

einen U-Bahn-Waggon zu okkupieren, um dort eine Party abzuhalten. Es gibt Weed Bombing, bei dem wucherndes Unkraut in heruntergekommenen Quartieren farbig angesprüht wird, um es schmückender wirken zu lassen oder um auf die Verwahrlosung aufmerksam zu machen. Es gibt Graphic Warfare, bei der mit ungenehmigten Plakaten und Aufklebern zu Protesten aufgerufen wird. Und natürlich gibt es Guerilla Gardening, bei dem mit Samenbomben um sich geworfen wird, damit selbst an kahlen Straßenrändern die eine oder andere Blume sprieße. Die Stadt, so scheint es, wird als Kampfplatz begriffen.

Doch obwohl es auch einige politische Aktivisten gibt, die in der Tradition der Sponti- und Hausbesetzerbewegung der siebziger und achtziger Jahre eine ideologische, manchmal gewaltbereite Auseinandersetzung mit dem System suchen, tarnen sich viele der Bewegungen mit ihren Begriffen eher, als dass sie tatsächlich zur Erstürmung und Landnahme aufriefen. Insbesondere für jene von ihnen, die keine dezidiert politischen, sondern eher kulturelle oder soziale Ziele verfolgen, signalisiert der Ausdruck »Guerilla«, dass es sich um ein eigenmächtiges Tun handelt: sie werden nicht ferngesteuert von staatlichen Stellen, nicht fremdbestimmt von ökonomischen Interessen, sondern sind frei in ihrem Handeln im freien Raum. Ein gewisser Kitzel des Verbotenen, selbst wenn keine strafrechtliche Verfolgung droht, mag dazukommen.

Wie die Künstler und die Architekten der Digitalmoderne nicht von einem radikalen Neuanfang träumen, so hegen auch die meisten ihrer Bürger kein gesteigertes Interesse an einem Systemsturz oder anderen Formen von Revolte. Viele treibt kein unbedingtes Dagegen und kein absolutes Anti, und die Wutbürger, die ewigen Verhinderer und

Nörgler sind, anders als oftmals behauptet wird, nur selten in der Mehrheit. Die meisten Menschen, die sich für einen Urbanismus von unten begeistern, betrachten ihre Stadt mit Neugier und Wissen, sie empfinden den Raum nicht als etwas, das gesetzt und ausformuliert wäre. Vielmehr begegnen sie – auch darin sind sie den Künstlern und Architekten ähnlich – der Stadt auf eine spielerisch-konstruktive Weise und machen sie sich zu eigen, den Raum umformend, weiterentwickelnd, neu definierend. Nicht um die Stadt zu besitzen, sondern um sie der Aneignung durch andere freizugeben.

In den Vereinigten Staaten kursieren verschiedene Begriffe, die den Charakter dieses veränderten, auf Kollaboration angelegten Raumverständnisses definieren sollen. Von Tactical Urbanism sprechen einige, andere von einem Do-it-yourself-Urbanismus. Begriffe wie Pop-up- oder LQC-Urbanismus (*lighter*, *quicker*, *cheaper*) sollen darauf hindeuten, dass viele der neuen Bewegungen nicht auf grundsätzliche Umwälzungen, sondern auf kleine Eingriffe aus sind. Nichts ist dauerhaft, alles im Fluss – hier zeigt sich dieses Credo abermals. Man will sich nicht festlegen, nicht binden, man will für einen Sommer einen kleinen Garten anlegen, im Reissack oder in einer ausgedienten Teekiste, um dann im nächsten Jahr weiterzuziehen und wieder anderes zu entdecken.

Gleichwohl hofft man darauf, dass auch ein Handeln im Vorübergehen langfristige Verbesserung nach sich ziehen könnte. So wie der Guerilla-Zebrastreifen in Baltimore, der im Frühjahr 2012 von einigen Bürgern mit billiger Farbe auf den Asphalt gemalt worden war, weil sie sich endlich einen sicheren Übergang wünschten, der dann von den städtischen Behörden rasch wieder entfernt wurde – und doch dazu führte, dass öffentlich so lange über das Für und Wider diskutiert wurde, bis schließlich ein offizieller Fußgängerüberweg entstand. Oder auch wie der Beacon Food Forrest, der in Seattle geplant ist oder wie das Projekt der »Essbaren Stadt«, das in dem englischen Ort Todmorden ebenso wie in den deutschen Städten Kassel, Minden oder Andernach entstanden ist: Von den wilden, ephemeren Gärten der Urban-Gardening-Bewegung inspiriert, begannen dort Stadtbeamte und Bürger gemeinsam und systematisch das übliche Abstands- und Restgrün durch Himbeer- oder Johannisbeersträucher zu ersetzen und auf den gewohnten Eisbegonienbeeten nun Zucchini, Bohnen oder Salat anzubauen oder Apfelbäume zu pflanzen. Ein Eingriff, der die Städte auf ökologische und ästhetische Weise langfristig verändern könnte und den urbanen Raum auf neue Weise kollektiv bestimmt.

Diese Art des anfänglichen Kurzzeitengagements, das auf weite Sicht bleibende Erträge zeitigt, erinnert in mancherlei Hinsicht an Formen der Vergemeinschaftung, die sich während der letzten Jahre im Internet entwickelt haben. Crowdsourcing, die Quelle der Vielen, nennt sich diese Art, mit wenig Einsatz erstaunlich Großes zu bewirken. Das bekannteste Beispiel ist Wikipedia, ein Online-Lexikon, von unzähligen Autoren in freiwilliger, unbezahlter Arbeit zusammengetragen, redigiert, verwaltet und permanent ergänzt und erweitert. Es speichert nicht nur Wissen, sondern vermittelt zudem die Erfahrung, dass der Einzelne seine Begrenztheit überwindet, wenn er sich mit anderen zusammentut. Und dass aus der Initiative weniger eine fast schon amtliche Institution werden kann, die der Privatisierung von Wissen und Bildung eine für alle zugängliche, kostenlose Enzyklopädie entgegensetzt – ohne dafür große Summen, viel Erfahrung oder staatliche Protektion zu benötigen. In dieser Hinsicht erweist sich der Cyberspace als ein offener, öffentlicher Raum, der dazu einlädt, sich zu produktiven, anarchischen oder einfach nur unterhaltsamen Unternehmungen zusammenzuschließen. Vielleicht ließe sich sogar behaupten, dass dieses Gemeinschaftsgefühl, das in Crowdsourcing-Projekten zum Ausdruck kommt, jener Moment der Selbstermächtigung, der aus dem Nutzer einen Produzenten macht, auch die Psychologie des städtischen Lebens verändert und sich deshalb das Verhalten vieler Menschen in den nichtvirtuellen Räumen der Öffentlichkeit wandelt.

Bei dieser Art der Raumergreifung handelt es sich um weit mehr als eine Modeerscheinung oder das Freizeitvergnügen einiger Jungerwachsener der Mittelschicht. Es gäbe keine Wiederbelebung des öffentlichen Raums, würde sie nicht von einem breiten gesellschaftlichen Wandel der Idealbilder und Leitvorstellungen getragen. Wie weit dieser Wandel reicht, zeigt sich nicht zuletzt daran, dass auch viele Stadtplaner ihr Verhältnis zum Raum neu bestimmen, auf eine Weise, die abermals an manche der Künstler und Architekten denken lässt. Das Prinzip der Offenheit und freien Aneignung, unvorhersehbar und ungehindert von äußeren Zwängen, ist mancherorts sogar zum neuen Leitbild der Planung avanciert.

Das neue Verlangen nach ungeregelten Räumen

Mehr als 20 Millionen Verkehrsschilder gibt es allein auf deutschen Straßen und Plätzen, im Durchschnitt steht alle 28 Meter eines, die Autobahnen mitgerechnet. Es gibt Gefahrenzeichen, Vorschriftszeichen, Richtzeichen, Sinnbilder und Zusatzzeichen, insgesamt sind es über 360 verschiedene Verkehrsschilder. Und so muss man es wohl als calvinistischen Bildersturm bezeichnen, wenn sich Verkehrs- und Stadtplaner dazu entschließen, in manchen Stadtvierteln sämtliche Symbole der richtigen Ordnung zu demontieren. Im Shared Space, wie sich dieses Leitbild nennt, kommt die Stadt ohne Beschilderungen aus, ohne Warn- und Vorsichtszeichen, ohne Bordsteinkanten. Die Radwege und Bürgersteige, sämtliche Schraffierungen, Markierungen, Schwellen, Planken und Drängelgitter, selbst die Ampeln sollen verschwinden. Was überreguliert war, wird entregelt. Im Shared Space soll nichts mehr vorherbestimmt sein. Niemand hat mehr Vorfahrt oder genauer: Alle haben Vorfahrt. Bislang verlangten die Städte erstens Ordnung, zweitens Sicherheit. Als besonders ordentlich und sicher galt vor allem die Fußgängerzone, in den fünfziger Jahren ersonnen. Sie war ein Reservat, hier bummelte der Bürger, unbehelligt vom Lärm des Autoverkehrs, vom Dreck der Fabriken, abgetrennt zudem von den Wohnquartieren, den Spiel- und Sportplätzen, denn alles hatte seine Zone. Die Grenzen zwischen den Sphären des Arbeitens, Wohnens und Einkaufens waren deutlich gezogen, nichts in der modernen Stadt des 20. Jahrhunderts sollte dem Zufall überlassen bleiben. Am Ende aber gebar die autoritäre Regelwut allzu häufig nur nackte Ödnis: Die meisten Fußgängerzonen waren und sind spätestens nach Geschäftsschluss menschenleer.

Wohl auch deshalb, weil sie das Leben in der Stadt nicht verhindern, sondern befördern wollen, interessieren sich etliche Planer für den Shared Space. Viele kleinere Kommunen, vor allem in den Niederlanden, der Schweiz und in England haben bereits erste – und meist sehr gute – Erfahrungen mit der noch so ungewohnten Offenheit machen können. Ebenso wagen sich erste Großstädte daran, ihren Schilderwald zu roden und es dem freien Spiel der Verkehrskräfte zu überlassen, sich selbst zu regeln. Sogar für stark befahrene Straßen wird ernsthaft erwogen, die täglich zigtausend Autos, Busse, Fahrräder, Motorräder und Fußgänger in die Regelfreiheit zu entlassen. Es gilt lediglich das Rechts-vor-links-Gebot, alles andere muss sich weisen.

Die Stadt ist nicht länger Zone, sie darf wieder Raum sein, undefiniert. Und damit verwandelt sich auch der Mensch, in dem die Planer stets den Verkehrsteilnehmer sahen, der sich möglichst normiert, möglichst berechenbar zu verhalten hat. Er sollte gehorchen, die Regeln beachten, das war alles, was man von ihm erwartete. Und nicht wenigen gefiel das: Ampeln und Schilder erzeugen Sicherheit, bedeuten überall dasselbe, auf sie ist Verlass. Eben dadurch aber anonymisieren sie das öffentliche Leben, weil viele Entscheidungen vorhersehbar werden, standardisiert und damit oft leblos. Mit dem Shared Space kehrt das Unvorhersehbare zurück in die Städte: Nicht Sicherheit, sondern Unsicherheit befördert dieser Raum. Er verlangt Anteilnahme, Aufmerksamkeit, er fordert, dass jeder den anderen sieht.

Wenn Fußgänger, Skateboard-, Rad- und Autofahrer, wenn die Eiligen und die Langsamen, wenn die Raser, die Flaneure, die Kinder, die Alten, die Karrieristen und die In-den-Tag-hinein-Lebenden einen Raum teilen, dann kann das nur gelingen, wenn sie sich gegenseitig im Blick haben. Sie geben sich Zeichen, weil es die Zeichen der Verkehrsbehörde nicht mehr gibt. Sie sind gezwungen, von sich selbst abzusehen und sich bewusst zu sein, dass sie nicht allein sind, sondern vielmehr etwas teilen, auch wenn es nicht mehr ist als ein Raum.

Im herkömmlichen Verkehrssystem geht es darum, wer recht hat, wer den Regeln gehorcht, und alle, die sich regelwidrig verhalten, werden niedergehupt. Das neue regellose, ungehorsame System des Shared Space führt jedem Ich vor, dass es nichts ist ohne das Wir. Ohne Vertrauen, ohne Gesten des Einvernehmens ist kein Vorankommen. Hier zeigt sich: Der öffentliche Raum kann eine zivilisierende Wirkung haben.

War Entschleunigung bis jetzt etwas, das nur für die Privatsphäre des Einzelnen diskutiert wurde, wird sie jetzt gesellschaftsfähig – und zwar mit konkreten Folgen. Die Anwohner einer Shared-Space-Straße entwickeln andere, in vielen Fällen intensivere Beziehungen zu ihren Nachbarn. In manchen Städten spricht man daher nicht zufällig von Gemeinschafts- oder Begegnungsstraßen. Und für viele Städter gewinnen gerade diese Nahräume an Bedeutung. Interessanterweise konvergieren in diesem Bedürfnis nach ungelenkter Begegnung gleich zwei Entwicklungen, die eine aus dem realen, die andere aus dem digitalen Raum. Auch das Internet lässt sich ja als eine Art Shared Space begreifen, dort sind sogenannte Open Spaces ungemein populär, in denen beliebige Themen von beliebig vielen Menschen diskutiert werden können, selbstorganisiert und selbstverantwortlich. Die dafür nötige Technik wurde um 1985 in den USA von Harrison Owen entwickelt, genau zur selben Zeit, in der ein gewisser Hans Monderman in dem Dorf Oudekaste im niederländischen Friesland seine ersten Experimente mit schilderlosen Straßen unternahm, die ihn später zum Urvater der Shared-Space-Bewegung machen sollten. Owen und Monderman wurden früh mit ähnlichen Vorbehalten konfrontiert: Das liberalisierende Moment des Open und des Shared Space, diese anarchische Kraft, scheint bis heute viele Menschen zu ängstigen. Hier zeigt sich ein gewandeltes Weltverständnis und verlangt ein neues Bewusstsein: Das lineare weicht dem komplexen Denken, alles Getaktete verflüssigt sich, die strengen Grenzen eines genormten Daseins lösen sich auf. Und anders noch als in den achtziger Jahren, als viele für Verkehrsberuhigung und Spielstraßen eintraten, ist nicht länger Ruhe das Ideal, sondern ein lebendiges Chaos. Planer planen das Ungeplante, einen Raum, der nicht determiniert ist.

Für die meisten Autofahrer eine Schreckensvision: Wird man im Shared Space überhaupt noch vorankommen? Und was ist mit Kindern, Rentnern, Rollstuhlfahrern, wenn es keine Bürgersteige und Zebrastreifen mehr gibt? Braucht es nicht doch Regeln, um die Schwachen vor den Starken zu schützen? Die Antwort der Shared-Space-Freunde auf diese Fragen ist: Risiko-Homöostase. Wo Schilder abmontiert und Ampeln ausgeschaltet werden, wo die Straßen so gestaltet sind, dass niemand mehr recht zu sagen weiß, wie sich eigentlich wer zu bewegen hat, sinken die Unfallzahlen, manchmal sogar drastisch. Denn paradoxerweise macht wachsende Unsicherheit das Fahren sicherer. Gerade weil der Fahrer eines Autos nicht weiß, ob ihm nicht im nächsten Moment ein Kind vor die Kühlerhaube springt, da der Spielplatz unmittelbar an die Straße grenzt – wie in manchen niederländischen Städten –, wird er ungeheuer wachsam und vorausschauend fahren. Hingegen verleitet ihn eine übersichtliche, klar gegliederte Fahrbahn zu höherem Tempo und zur Unachtsamkeit.

Und noch ein weiteres Paradoxon ist dem Shared Space eigen: Nicht nur sorgt in ihm das Ungesicherte für Sicherheit, die Langsamkeit führt auch zu mehr Tempo. Denn obwohl die meisten Autos ihre Geschwindigkeit wegen des

Durcheinanders stark drosseln müssen, verkürzen sich die Fahrzeiten häufig deutlich. Der Verkehr staut sich nicht an eigentlich überflüssigen Ampeln, er fließt, langsam zwar, doch kontinuierlich. Vor allem aber ist der Shared Space ein Sieg der Ästhetik über die Macht der Paragraphen: Statt wie bisher die Bürger mit Bußgeldern erziehen zu wollen, setzen die Stadtplaner auf die überzeugende Wirkung der Gestaltung. Die Pflasterung oder die Begrünung und ebenso die Architektur an den Straßen und Plätzen beeinflussen das Verhalten der Menschen. Je vertrauter eine Stadt auf sie wirkt, selbst wenn sie diese nicht kennen, desto umsichtiger werden sie fahren. Und umgekehrt: Je anonymer, kälter, beliebiger die Bauten sind, desto achtloser reagieren die meisten Menschen. Nicht Verhinderung durch Bodenwellen, sondern Verlockung durch Schönheit heißt daher eine der Shared-Space-Strategien. Nicht das schnelle Fortkommen ist das Planungsziel, sondern die Freude am Verharren. Aber eben weil das urbane Leben dadurch lebenswerter wird, lehnen absurderweise manche Bürger den Shared Space ab. Gerade in Deutschland gibt es in vielen Städten erstaunliche Proteste, weil manch einer fürchtet, dass seine Nachbarschaft durch die Umwandlung einer zentralen Verkehrsader beliebter werden könnte und so am Ende die Mieten kräftig steigen. Andere bangen um ihren Parkplatz, denn tatsächlich verträgt es ein Shared Space nicht, wenn überall Autos parken und den notwendigen Austausch, das Sehen und Gesehenwerden, unmöglich machen.

Die Briten hingegen scheinen pragmatischer gesinnt: Weniger Lärm, weniger Staus, weniger Schmutz – in Großbritannien haben sich viele Städte für eine Road Revolution, wie es dort heißt, entschieden. Am Ende muss jede Stadt selbst bestimmen, ob und wie sie die Ideen umsetzt oder variiert. Gegen den Willen der Bürger jedenfalls wird man keine Straße umgestalten wollen. Für Monderman hieß Shared Space immer, möglichst früh möglichst viele Menschen in die Planung einzubinden, ihre Bedürfnisse zu erkunden, ihre Kritik ernst zu nehmen, auch für blinde oder taube Menschen eigene Möglichkeiten zu finden – und so bereits das zu stärken, was seine Gemeinschaftsstraßenpläne im Kern ausmacht: die Achtsamkeit füreinander. Gewiss wird man Schnellstraßen, gar Autobahnen nicht in einen Shared Space verwandeln wollen. Aber überall dort, wo verschiedenste Interessen in den Raum drängen, bietet sich die Chance, das vermeintlich Unvereinbare zu vereinen. Jeder darf alles überall, solange er niemanden gefährdet. Der Shared Space ist vielleicht die einzige adäquate Antwort auf die Hyperindividualisierung: Hier zählt nicht die Masse, sondern der Einzelne. Und doch wächst der Gemeinsinn, und die Angewiesenheit aufeinander wird für jeden spürbar. Der Raum verlangt die Wahrnehmung des Individuums, doch nur in gelebter Beziehung zueinander gewinnt er jene Spannung, die Urbanität auszeichnet. Es ist die Erfahrung des offenen, geteilten Raums, die eine Stadt zur Stadt macht.

II. Stadt und Technik
Warum Computer das Stadtbewusstsein verändern

Es waren stille Örtchen der anderen Art. Nicht, dass man sich dort besonders wohl gefühlt hätte. Alles war ein wenig klebrig und angeranzt, oft roch es nach kaltem Zigarettenrauch, die Luft war stickig, selbst an kalten Tagen. Und doch hatten die kleinen Häuschen etwas Angenehmes. Sobald sich die Glastür schloss, spürte man die Stille: Die Welt draußen war nur noch diffuses Brummen, und also konnte man sich in lange Ferngespräche verwickeln, die Wartenden vor der Kabine, ihr empörtes Klopfen, ignorierend. Telefonzellen waren Orte des Privaten, Refugien der Intimität. Das öffentliche Leben musste draußen bleiben.

Längst gibt es keinen Bedarf mehr für diese Art des Rückzugs, fast alle Kabinen sind verschwunden. Die Menschen der Digitalmoderne sollen und wollen sich öffentlich austauschen: Sie sind gelöst von vielen Fesseln, auch von den Kabeln der Telekommunikation. Selbst das Internet tragen sie dank ihrer Smartphones mit sich: Früher ging der Mensch ins Netz, heute geht das Netz mit ihm. Was zuvor an ein Büro oder ein Zuhause, also an eine privat bestimmte Sphäre gebunden war, ob Bilder und Texte, ob Verpflichtungen und Verrichtungen, ist mobil und ortlos geworden. Das gehört gleichfalls zu der veränderten Wahrnehmung des Raums, der vielen offen scheint, schrankenlos, zur freien Verfügung: Die Grenzen werden durchlässig, was einerseits eine neue Vielfalt urbanen Lebens ermöglicht, zugleich aber das Verhältnis von Privatem und Nichtprivatem merklich modifiziert.

Was vormals als intim galt, wird nun vor aller Augen und in aller Ohren zelebriert. Menschen turteln am Mobiltelefon mit ihren Liebsten oder tragen einen Ehekrach auf offener Straße aus. Unterwegs sind sie Zuhause und Zuhause unterwegs. Und weil sie dank der neuen Technik immer und allerorts verfügbar werden – auf ungebundene Weise angebunden –, hat sich die Vorstellung von Entfernung in doppelter Hinsicht gewandelt: Die Räume beginnen zu schrumpfen, die herkömmliche Vorstellung von Distanz verschiebt sich – und damit, so könnte man meinen, verändert sich das Bedürfnis nach gesellschaftlicher Distanzierung. Wer mitten im Gewimmel der Straße telefoniert oder seine E-Mails liest, der taucht ab, das Gewimmel tritt zurück, die Wahrnehmung wandert aus dem Hier hinüber in ein Anderswo. So entrücken die mobilen Techniken den Menschen und es schwindet sein Verlangen, sich von anderen zu distanzieren, Abstand zu halten. Auch damit wird eine Grenze durchlässig: die der Scham.

Es ist noch nicht lange her, da war es allgemeiner Konsens, dass der wohlanständige Mensch bestimmte Dinge im öffentlichen Raum nicht tut: Er isst nicht aus Papiertüten, trinkt nicht im Gehen einen Kaffee, spricht nicht laut vor sich hin, ohne ein Gegenüber zu haben. Als unvorstellbar galt es, vor aller Augen Geld aus einer Maschine zu ziehen, denn Geld war eine Sache der Diskretion und eine Auszahlung fast schon ein hoheitlicher Akt. Ähnlich wären nur wenige auf den Gedanken verfallen, sich in aller Öffentlichkeit massieren zu lassen, wie es etwa auf manchen Großflughäfen zur Selbstverständlichkeit geworden ist. Oder bei einem Marathon teilzunehmen und sich als wenig geübter

Läufer unter dem Beifall der klatschenden Menge wie ein Flagellant des Mittelalters bis zur völligen Erschöpfung zu schinden. Die Verhaltensmuster, das, was als schicklich und angemessen gilt, sind andere als noch am Ende des 20. Jahrhunderts. Und damit ist auch der öffentliche Raum ein anderer: Schleichend wird er privatisiert, nicht allein durch Einkaufszentren oder sonstige Kommerzinteressen, sondern ebenfalls durch die Privatheit, die viele Menschen in ihn hineintragen.

Allerdings ist das Private nie eine absolute Größe gewesen, die Scham- und Peinlichkeitsgrenzen waren immer schon beweglich. Lange galt es als unziemlich, dass sich Mann und Frau in der Öffentlichkeit küssen. Lange galt es als statthaft, die eigenen Kinder (oder die anderer Leute) vor den Augen der Allgemeinheit zu ohrfeigen. Und so verhält es sich mit vielen Konventionen, die stets neu ausgehandelt und bestimmt werden. Nur hat sich dieser Wandel beschleunigt, nicht zuletzt durch die neuen Techniken. Sie gestatten es dem Einzelnen einerseits, sich mit mehr Menschen denn je in kürzester Zeit zu verständigen und zumindest eine lose Form von Beziehung einzugehen. Andererseits begünstigen sie die atomisierte Gesellschaft, in der lauter Kleingruppen ihren Spezialinteressen nachgehen, während der Sinn für das Große und Ganze leidet. Beides, die öffnende und die abschottende Wirkung der mobilen Technik, trägt dazu bei, dass Verhaltensregeln (aufgrund des verstärkten Austauschs) rascher umgeschrieben und (aufgrund der Partikularisierung) oft in Teilbereichen der Gesellschaft verschieden ausgelegt werden. Die Eindeutigkeit und vermeintliche Konstanz, die bestimmten Verhaltensweisen ehedem eigen schienen, gehen verloren.

Ähnliches lässt sich im Verhältnis der Bürger zu den Räumen ihrer Stadt beobachten. Sie waren selten so klar und streng definiert, wie es manche Theoretiker glauben mögen. Wenn Fachleute vom öffentlichen Raum sprechen, dann unterstellen sie nicht selten die strikte Polarität von privater und publiker Sphäre. Doch führen die meisten Menschen ein unpolarisiertes Leben, ein Leben voller Übergänge. Für sie besitzt die Wirklichkeit viele abgestufte Formen des Öffentlichen, sie unterscheiden zwischen Räumen, die dem Privaten mehr oder weniger Schutz bieten, und solchen, die mehr oder weniger von der Allgemeinheit geteilt werden. Bereits im Zuhause gibt es solche Differenzierungen, in vielen Wohnungen oder Häusern stehen dem Gast nicht alle Räume gleichermaßen offen; und nicht zufällig gehört die Gästetoilette mittlerweile zum Neubaustandard. Ähnlich verhält es sich mit den Räumen der Stadt, auch dort finden sich zahlreiche Hybride. Ob Bahnhofs- oder Schwimmhallen, Schulhöfe, Schrebergärten, Friedhöfe, Büchereien oder Universitätsvorlesungssäle, überall gerät man in Zwitterzonen. Selbst an Tankstellen und in Vorgärten verschleift sich die Vorstellung von öffentlich und privat. Für eine der größten Verwirbelungen der Sphären aber sorgt das Auto: Jede Fahrt mit dieser rollenden Privatkapsel wird zur temporären Enteignung, zur Kurzzeitverwandlung einer öffentlichen Fläche in eine semiprivate. Die Leute rasieren und schminken sich im Auto, die einzige verbliebene Grenze zwischen privat und publik ist offenkundig die Windschutzscheibe. Selbst wer also an der Vorstellung des Einraums festhält, eines urbanen Raums, der für alle zugänglich ist und nicht durch das Hausrecht eines Mall-Managers reguliert wird, sondern den unterschiedlichsten Interessen dient, muss gleichwohl eingestehen, dass dieser ungeteilte Raum der Gleichen für etliche Menschen offenbar keine notwendige Voraussetzung ist, um ihren Begriff von Öffentlichkeit zu leben.

Es ist wie in der Meteorologie oder der Kriminologie: Es lässt sich exakt feststellen, welche Temperatur herrscht oder wie viele Verbrechen begangen werden, doch zugleich spricht man von gefühlter Temperatur oder von gefühlter Sicherheit. Gleiches gilt für die Urbanistik: Entscheidend ist, wie ein Raum genutzt und empfunden wird. Der Alltag ist eben weniger von politischen Idealen geprägt, so wichtig diese sein mögen, als von banalen Konflikten, etwa um Sauberkeit und Sicherheit. Der Streit zwischen den Haltern von Hunden und Familien mit Kleinkindern um die Hoheit über Spielplätze und Ballwiesen kann häufig bestimmender für das Verhältnis eines Bewohners zu seiner Stadt sein als alle Glanz- und Glasprojekte der Innenstadt, seien es nun Museen oder Schlösser. Denn dieses Verhältnis ist gefühlt. Und die Frage, welcher Verhaltenskodex gilt, wie er sich dem Einzelnen mitteilt, ob er sich daran hält und wie sich der Kodex wandelt, ist immer auch eine Empfindungsfrage.

Das Prinzip des Alles-überall-jederzeit erobert die Städte

Mit einem Denken in Dichotomien – hier das Reich des Privaten, dort das Reich des Öffentlichen – lässt sich in der Regel wenig von der urbanen Wirklichkeit einfangen und begreifen. Dieses Denken mag zwar in vielen Planerköpfen stecken und viele Debatten bestimmen. Doch schon lange hat das reale Verhalten der Menschen diesen Gegensatz außer Kraft gesetzt. Und es gehört zu den Kennzeichen der Digitalmoderne, alles Bipolare weiter aufzulösen. Wieder ist es die Technik, die dazu beiträgt: Ein Gerät wie das Smartphone weckt bei vielen Nutzern den Eindruck, sie könnten über alles überall und jederzeit gebieten. Das Dasein wird zum Überall-sein, und egal, wo der Mensch ist, egal, was er will – die Welt ist sein. Verfügbarkeit wird zur wichtigsten Verheißung des digitalen Zeitalters. Man kann vergriffene Bücher lesen, abgelegene Landstriche durchwandern, in fremden Sprachen sprechen, ohne den gemütlichen Stammplatz im Café nebenan verlassen zu müssen. Nichts geht verloren, alles ist immer zur Hand, denn diese Hand hält ein Smartphone.

Wie weit dieses Prinzip des Alles-überall-jederzeit die Städte bereits erobert hat, lässt sich vielerorts besichtigen. Da werden auf Industrieflächen weite Sandstrände aufgeschüttet, mit Strandkörben und Palmen bestückt, auf dass Urlaub und Alltag, diese alten Gegenpole, eins werden. Und natürlich trägt man Flipflops, diese genuinen Urlaubsschuhe, auch mitten in der City. Auf ähnliche Weise ist der Gegensatz von Stadt und Land kollabiert – etwa dadurch, dass mitten in Berlin sogenannte Urban Villages entstehen. »Kann man gleichzeitig in der Stadt und auf dem Land leben?«, fragen die Investoren des Marthashofs in ihrem Pressetext.[10] Und natürlich bejahen sie die rhetorische Frage.

Das vorherrschende Ideal des 20. Jahrhunderts war die Übersichtlichkeit. Der Städtebau war über viele Jahrzehnte von der Charta von Athen geprägt, einer Resolution des IV. Internationalen Kongresses moderner Architektur von 1933. Sie verlangte, dicht verwobene Städte fein säuberlich nach Funktionen zu gliedern. Die Digitalmoderne hingegen hat ein Faible für das Hybride. Sie verschleift, was ein-

---

10 Der Pressetext ist online verfügbar unter: {http://www.marthashof.de/downloads/PM_Marthashof.pdf} (Stand: Juni 2013).

deutig schien. Sie privatisiert das Öffentliche, veröffentlicht das Private, sie verunklart den Ort und die Zeit und die Funktionen. So wandelt sich das Bild der Welt und des Menschen, verstärkt noch durch viele Wissenschaftler und Techniker, die an die Idee klarer Trennlinien nicht länger glauben wollen. Der Einzelne gilt manchen mittlerweile als »postautonomes Subjekt«, und genüsslich dekonstruieren Hirnforscher die Vorstellung vom selbstbestimmten, selbstbewussten Ich. Völlig zu Recht ist so »die Wolke« zu einer der Lieblingsvokabeln der digitalen Gesellschaft geworden, denn vieles in der Digitalmoderne wird diffus, amorph, uneindeutig, beweglich, wolkig eben.

Anders Unterwegssein: vom eigenen Auto zum iPhone

Auch die Stadt der Moderne war von Bewegung und Veränderung berauscht. Auch dort waren es technische Errungenschaften, die gewaltige Veränderungen in der äußeren Erscheinung des Stadtkörpers wie im Miteinander der Bewohner auslösten und verstärkten. Ohne die Erfindung des Fahrstuhls wäre das Hochhaus nicht entstanden, für viele ein gewaltiges Zeichen der Potenz, das ungeahnte Möglichkeiten eröffnete, die unterschiedlichsten Formen des Arbeitens und Wohnens zu verdichten. Doch nicht nur die Großstadt mit ihrer Skyline verdankt sich der Technik, ebenso konnte die Vorstadt nur deshalb weit ins Umland hineinwachsen, weil es die Erfindung des Automobils und der Schnellbahn erlaubte, das Arbeiten und Wohnen zu entkoppeln und den Menschen zum Pendler zu machen. Hoch hinauf und weit hinaus, das waren die Bewegungsrichtungen der Moderne. Es galt, den Raum zu weiten, ihn zu überbrücken. Oft schien das Wegkommen entscheidender als das Ankommen. Und schon deshalb war es der Traum vieler Menschen, vor allem der jungen, ein Auto zu besitzen: Es versprach die Freiheit, sich fahrend der Geographie des eigenen Lebens zu entziehen. Erwachsenwerden hieß: selber lenken.

Die Digitalmoderne mit ihren technischen Erfindungen mobilisiert die Stadt abermals und verändert ihre Geographie. Bewegung und Beschleunigung münden nicht länger zwingend in ein Fort und Weg, denn beweglich ist der Mensch, ohne sich vom Fleck zu rühren. Er bewegt sich im Raum des Digitalen, bringt dort mühelos Distanzen hinter sich, erfährt zu weit entfernt lebenden Mitmenschen eine Nähe, die keinen Ortswechsel verlangt (dank der Videotelefonie von Skype zum Beispiel). Beschleunigung bleibt wichtig, doch reicht es schon, die Datenübertragungsrate und Prozessorgeschwindigkeit zu erhöhen. Die Ich-Kapsel des Automobils bekommt Konkurrenz durch das Ich-Phone, durch mobile Kommunikationsgeräte, die auf vergleichbare Weise dem Individuum ein Gefühl der Souveränität und Grenzenlosigkeit zu vermitteln wissen. Entsprechend hat das Statussymbol von einst, das eigene Fahrzeug, viel von seinem Glanz eingebüßt, gerade bei den Jüngeren. Die Zulassungszahlen in Deutschland sind besonders bei den Unterdreißigjährigen rapide gesunken, seitdem die ersten Smartphones kostengünstig angeboten werden. Erwachsenwerden heißt jetzt: ortlos surfen.

Wenn es aber der Freiheit, die das Autos gewährte, nicht länger dringend bedarf, wenn der Raum nicht überwunden werden will und muss, dann ist das Verhältnis der Bewohner zu ihrer Stadt ein anderes: ortloser und ortvoller als zuvor. Auch daher rührt das Gefühl der Wolkigkeit.

Zwar kannte der öffentliche Raum immer schon verschiedene Intensitäten von Präsenz und Absenz, und stets war es möglich, die Stadt entweder wachen Auges wahrzunehmen oder aber aus ihr zu entweichen, etwa durch die Lektüre einer Zeitung, die einen weniger das Hier des Raums als das Dort des entsprechenden Sportberichts spüren lässt. Doch mit den mobilen Techniken gewinnt dieses Ineinander des Hier und Dort eine größere Selbstverständlichkeit. Anwesend ist, was nicht anwesend ist, etwa der Facebook-Freund beim Blick aufs Display; fern hingegen liegt, was doch so nah heranrückt, etwa der Banknachbar in der U-Bahn.

Diese Form von Privatissimum, die Möglichkeit, sich jederzeit aus dem städtischen Miteinander auszuklinken, mag man als Gefahr für das urbane Leben beschreiben. Gerade weil die Grenzen zwischen dem Privaten und dem Öffentlichen durchlässiger werden, weil sich die Verhaltensnormen rasch wandeln, weil die Bedeutung der geteilten Räume an Eindeutigkeit verliert, ist es auf den ersten Blick nicht unplausibel, eine Geschichte des Niedergangs zu schreiben. Die Stadt als Ort der Gemeinschaft scheint vor lauter Narzissmus den Zusammenhalt einzubüßen. Man teilt den Raum und hat doch nichts miteinander zu schaffen: ein jeder abgetaucht in seine Digitalsphäre.

Allerdings heißt ja Urbanität genau das: sich gegenseitig zu sehen, ohne sich unbedingt zu erkennen. Niemand ist irgendwem verpflichtet, anders als der Dorfbewohner muss der Städter nicht grüßen, muss sich nicht genötigt fühlen, mit anderen einen Schwatz zu halten. Es gehört zum Wesen der Großstadt, dass ihre Bewohner vor allem in ihrer Unverbindlichkeit verbunden sind. »Urbanität ist die überlegene Unfähigkeit, sich über schlechte Manieren anderer zu ärgern«, so schreibt es bereits Stendhal im 19. Jahrhundert.[11] Ähnlich formulierte es Georg Simmel, als er befand, es gebe »keine seelische Erscheinung, die so unbedingt der Großstadt vorbehalten wäre, wie die Blasiertheit«.[12] Offenbar gehört es zum multiplen Charakter des öffentlichen Raums dazu, dass der Mensch sich in ihm veröffentlicht, sich zur Schau stellt, ob er möchte oder nicht. Er folgt damit bestimmten Konventionen, unterwirft sich bestimmten Zwängen. Zugleich erlaubt ihm der öffentliche Raum eine Freiheit, eine Zwanglosigkeit, die kostbar ist. Öffentlichkeit bedeutet in gewissem Sinne einen zwanglosen Zwang. Hier kann der Einzelne er selbst sein und ist doch Teil einer Vielheit – ein ambivalentes Verhältnis, das stets neu ausbalanciert sein will.

Navigationsgeräte und der neue Blick auf den Raum

Immer gefährdeten technische Errungenschaften diese Balance. Die Erfindung der Schrift fixierte Geschichten und raubte ihnen damit die Lebendigkeit einer variantenreichen mündlichen Überlieferung. Die Erfindung der Taschenuhr machte die Zeit zum ständigen, herrschsüchtigen Begleiter des Menschen. Doch entfaltete die Technik zumeist verbindende und zugleich entbindende Wirkungen: Sie erlaubte es, eine Geschichte zu teilen, obwohl man an entfernten Orten weilt; sie bestärkte das Gefühl, in einer gemeinsamen Zeit zu leben und macht punktgenaue Verabredungen

11 Stendhal, 1947, *Rot und Schwarz*, Leipzig: Insel, S. 433.
12 Simmel, Georg, 1995, »Die Großstädte und das Geistesleben«, in: ders., *Gesamtausgabe*, Bd. 7, *Aufsätze und Abhandlungen 1901-1908 I*, herausgegeben von Rüdiger Kramme, Angela Rammstedt und Otthein Rammstedt, Frankfurt am Main: Suhrkamp, S. 121.

möglich. Vergleichbar verhält es sich mit den Erfindungen des digitalen Zeitalters, die vieles nivellieren, zugleich aber neue Möglichkeiten der Anteilnahme eröffnen, auch im realen Raum der Städte. So verändert zum Beispiel das Navigationsgerät, das nicht nur in Autos, sondern ebenso in Smartphones zum Standard gehört, den Orientierungssinn. Das Auge muss nicht mehr aktiv werden, muss sich keine Wegmarken merken, wenn das GPS, das Global Positioning System, die Führung übernimmt. Niemand braucht sich mehr zu verfahren, niemand kann mehr verloren gehen. Der Mensch gewinnt an Sicherheit, büßt jedoch manch bereichernde Überraschung ein; denn aus Versehen wird er nicht ins Unbekannte und Unerwartete geraten. Den leuchtenden Bildschirm des Navigationsgeräts vor Augen wird die Stadt leicht zur bloßen Transitstrecke. Ein Umwegemachen, ein freies Umherschweifen, sich Treibenlassen kennt das Programm nicht. Es rationalisiert die Erfahrung des Urbanen. Doch gehört es zu der wesenseigenen Ambivalenz solcher Apparate, dass sie einerseits jene, die sie benutzen, in einer gewissen Unmündigkeit und Abhängigkeit halten, anderseits aber eine bis dahin nicht denkbare Autonomie ermöglichen. So muss sich nun auch der Fremde nicht mehr fürchten, in unübersichtlichen Stadtvierteln die Orientierung zu verlieren. Die Welt nimmt er als zugänglicher wahr. Darüber hinaus ist es nun jedermann möglich, die Welt selbst zu kartieren, eigene Landkarten mit Nebenwegen, Schleichpfaden, Spezialrouten für Fußgänger, Jogger oder Hundebesitzer zu erstellen – und sich als Geograph im Internet auf Seiten wie OpenStreetMap mit anderen darüber auszutauschen. Sogar neue Formen der Kartierung gibt es, etwa das Biomapping, mit dem physiologische Daten in 25 Städten erhoben werden, um genauer zu verstehen, wer sich wie wo fühlt (emotionmap.net). Weltvermessung war immer eine Form von Ermächtigung und Weltdeutung, sie bestimmte den Blick – und liegt nun, dank der GPS-Technik, potentiell in der Hand aller. So wirkt die Stadt aufgeschlossen, frei zur eigenen Erkundung.

Auf vielfältige Weise beeinflussen sich der urbane und der digitale Raum gegenseitig; und in dieser Wechselwirkung befördern sie mal Anonymität und Abstumpfung, mal Neugierde und die Bereitschaft, die Stadt neu zu erkunden. In der Summe erweist sich dabei das Internet, das dank Smartphones und ähnlicher Geräte mobil und ein Teil des öffentlichen Raums wird, eher als Stadterquicker. Das mag daran liegen, dass es in mancherlei Hinsicht dem Charakter der Metropolen ähnelt: beide werden von Pluralität bestimmt, von einem Nebeneinander der Gegensätze, auch von Unübersichtlichkeit, beide kennen die Reizüberflutung, das Ephemere, eine eigentümliche Mischung aus Nähe und Distanz. Beide begünstigen narzisstische Neigungen und erlauben zugleich zufällige Bündnisse auf Zeit, eine Erfahrung der Kollektivität. Es ist noch längst nicht ausgemacht, ob die Freiheiten, die aus dem Miteinander von Stadt und Internet entstehen und die sich in den Augen vieler primär als diffuse Unbestimmtheit darstellen, vornehmlich genutzt werden, um das Ego der Individuen zu kitzeln oder ob doch das Interesse an der Gemeinschaft überwiegt. Das Interesse aber an der urbanen Erfahrung, so viel lässt sich sagen, dürfte weiter wachsen, allein schon aus kompensatorischen Gründen. Je stärker sich Teile des Lebens ins Reich des Digitalen verlagern, je mehr Menschen das Gefühl beschleicht, in der eigenen Echokammer gefangen zu sein, weil das Netz ihnen immer nur das zeigt, was sie ohnehin schon kannten, umso größer scheint das Bedürfnis nach Realräumen

zu werden, nach unabsichtlicher Begegnung und jener Kraft der Intersubjektivität, von der Jürgen Habermas spricht und die nicht zuletzt auch eine körperliche Erfahrung ist.
Es gehört zu den großen Widersprüchen der modernen europäischen Stadt, dass sie erst die Geburtsstätte des individualisierten Lebens war, dann aber just an dieser Individualisierung leiden sollte, an der Vereinzelung, am zerstobenen Zusammenhalt. In der Digitalmoderne könnte dieser Widerspruch aufweichen. Denn sie bestärkt das urbane Ich und befördert das urbane Wir. Sie könnte eine Form von Öffentlichkeit hervorbringen, die auf wolkige, hybride Weise das eine ermöglicht, ohne das andere zu unterbinden. So wie viele andere Gegensätze – zwischen dem Privaten und dem Öffentlichen, zwischen Nähe und Ferne, zwischen Stadt und Land – dürfte sich auch dieser auflösen, zugunsten einer Stadt, in der die Einheit in Vielheit, dieser alte Traum, nicht länger ein Traum sein muss. Die Stadt wäre eine *res publica*, und das hieße für ihre Bewohner: gemeinsame Sache machen und zusammen verändern, was verändert werden muss.

III. Stadt und Ich
Über das Bedürfnis, sich im öffentlichen Raum selbst zu erfahren

Für viele ist das Internet eine Ego-Maschine, eine Möglichkeit, sich selbst zu zeigen, die eigene Existenz aller Welt und in allen Details mitzuteilen. Auch die Möglichkeit, diese Existenz zu vervielfachen, sich hinter fremden Masken zu verstecken und als ein anderer aufzutreten, steht im Netz jedem offen. Hier formt sich Identität und sucht nach Bestätigung; hier weitet sich Identität und erprobt neue, unbekannte Facetten, und gleichermaßen kann sich Identität hier verlieren. Dennoch scheint das Internet bei aller Größe und Vielfalt nicht groß und vielfältig genug zu sein. Anders lässt sich kaum erklären, dass viele Menschen es nicht bei den sozialen Medien belassen, sondern nach anderen Erfahrungen für ihr Selbst Ausschau halten und vor allem die Erfahrung im Offenen und Öffentlichen der Stadt zu schätzen wissen.

Öffentliches Schwitzen: Sport als Antrieb des Stadtlebens

Das beginnt mit der eigenen Leiblichkeit: Viele Menschen der Gegenwart treibt es aus ihren Wohnungen, um sich in Parks, auf Plätzen und Straßen körperlich zu spüren, schwitzend und keuchend, mal vergnügt, mal verbissen. Sie rennen schnell oder langsam, fahren Rad oder laufen Rollschuh, überall gibt es Basketballfelder, Beachvolleyball-Anlagen, mancherorts haben die Kommunen schon Fitnessgeräte aufgebaut, damit die Städter unter freiem Himmel ihre Bauchmuskeln und den Bizeps trainieren können. Diese Menschen möchten gesund sein, und ein jeder soll das sehen. Ist es im Alltagsleben ansonsten verpönt, in irgendeiner Weise verschwitzt auszusehen, gar nach Schweiß zu riechen, gehört es zur urbanen Sportlichkeit unbedingt dazu, aus sämtlichen Poren zu dampfen. Eine nicht gerade kleine Industrie lebt inzwischen davon, diese Form von Fitness bei jedem Wetter zu ermöglichen, mit entsprechenden Schuhen, Hightech-Textilien und Nahrungsmitteln. Und auch das unterscheidet den Sport vom Alltag, in dem sich viele Menschen möglichst leger kleiden und es in manchen Branchen längst üblich ist, dieselbe Jeans und Strickjacke sowohl daheim wie bei der Arbeit zu tragen. Für das Joggen, Walken oder Biken uniformiert man sich: als wäre dies die wahre Arbeit.

In den westlichen Gesellschaften schwitzen heute weniger Menschen denn je. Zumindest an ihrem Arbeitsplatz müssen sie ihre Körper nicht quälen und bis zur Erschöpfung schinden, und wenn gelegentlich dennoch vom »erschöpften Selbst« die Rede ist, dann sind nicht Muskeln, Sehnen und Knochen gemeint, sondern das mentale Ich, das sich zu überfordern und zu verlieren droht. Ob Börsenhändler, Architekt, Schriftsteller oder Politiker, sie alle machen bei ihrer Arbeit, so unterschiedlich sie auch ist, ähnliche Erfahrungen, sie blicken auf die gleichen Bilderschirme, greifen nach der gleichen Maus, und ihre Augen und Hände sind kaum mehr als das Interface zwischen Menschen- und Computerhirn. Es sind Erfahrungen der Uniformierung und Verkümmerung, die in vielen das Bedürfnis wecken, ihre Körperlichkeit anderweitig und anderswo auszuleben: als öffentlichen, urbanen Vorgang. Man zieht einzeln seine

Runden, weiß sich aber – ähnlich wie in der Bildschirmarbeit – verbunden mit allen anderen, die ebenfalls schwitzend und ähnlich gewandet ihrem Sport nachgehen.

Zu einem wahrhaft kollektiven Ereignis gerät die Selbstertüchtigung, wenn eines der in Form und Zahl kaum mehr überschaubaren Sportfeste abgehalten wird: Ob Viertel-, Halb- und Ganzmarathons, abendlicher Skatingtreff oder öffentliches Radrennen und Wettschwimmen, fast jede Stadt, die etwas auf sich hält, lädt zu solchen Konkurrenzen und erfreut sich des Zuspruchs der Teilnehmer und vieler Zuschauer, die den Ehrgeiz der Schwitzenden anfeuern.

Die Stadt war immer schon ein Ort der Feste und Umzüge, vor allem der religiösen und patriotischen. Auch heute scheint das urbane Feiern im öffentlichen Leben der meisten Kommunen unverzichtbar. Vielerorts werden immer neue Festivitäten erfunden, Ostermärkte, Sommervergnügen, Weinfeste. Doch ist der Bürger in den meisten Fällen nur als Konsument beteiligt, er soll sich durch die Menge drängen, soll essen, trinken, zuhören. Beim Sportfest hingegen – und nicht zuletzt deshalb ist es so populär – leistet der Teilnehmer tatsächlich einen Beitrag, in der Regel einen schwer errungenen. Er hat Anteil, ist Teil einer kollektiven Bewegung. Er ist wirklich dabei, spürt die eigene Präsenz in allen Fasern seines Körpers. Eine Erfahrung, die so in den digitalen Welten nicht möglich ist. Hier, beim öffentlichen Sport, können alle sehen, wie weit es einer bringt – aus eigener Kraft, nicht weil seine Rechnerleistung so gewaltig oder seine Reaktionsgeschwindigkeit beim Computerspiel so hoch ist. Es ist eine Erfahrung von Wirklichkeit: durchzuhalten und, hoffentlich, ans Ziel zu gelangen. Was sonst so oft als unabhängig vom Körper gedacht wird, als bloße

Innerlichkeit, formt sich hier im öffentlichen Raum: Subjektivität.

Es bleibt allerdings unentschieden, ob die leibliche Mobilmachung, zumeist im Zeichen der Gesundheit, nur mimetisch das nachvollzieht, was ebenfalls zu den Kernerfahrungen vieler Menschen gehört: dass sich alles zu bewegen, zu beschleunigen, flexibel und dehnbar zu halten hat. Oder ob sich darin der Versuch erkennen lässt, dem rasenden Stillstand, als der die Gegenwart immer wieder beschrieben wird, mit kraftvoller Eigenbewegung zu begegnen, wenn nicht zu entkommen. Im Zweifel trifft das eine genauso zu wie das andere. Für manche ist der Sport eine Form der Optimierung, wie sie es aus dem Umgang mit Computersystemen kennen; und ebenso wenden sie die verbreitete Ideologie der Transparenz auf sich selbst an, indem sie jeden Schritt, die Herzfrequenz, den Blutzuckerspiegel ihres Quantified Self (so der Fachausdruck) permanent abfragen und kontrollieren. In einigen Städten hat man sich bereits darauf eingestellt, in Hamburg zum Beispiel, wo entlang der beliebten Joggingstrecke rund um die Außenalster sechs Messstationen installiert wurden, so dass jeder Läufer, der sich einen kleinen Chip an den Schuh klemmt, nach absolvierter Runde im Internet seine Ergebnisse einsehen und mit vorherigen Zeiten oder den Ergebnissen anderer vergleichen kann. Eine ähnliche Funktion übernehmen mittlerweile auch viele Apps für Smartphones.

Gerade diese Omnipräsenz der digitalen Technik, die überall ihre Sensoren hat und der nichts mehr zu entgehen scheint, weckt in manchen das Bedürfnis, dem unsichtbaren Überall des Netzes ein konkretes, körperlich spürbares Hier und Jetzt entgegenzusetzen. Es ist häufig kein formuliertes Bedürfnis, eher das vage Gefühl, die eigene Existenz

könne sich schon bald in nichts als einen Datensatz auflösen. Und es ist die keineswegs abwegige Befürchtung, von
fernen Mächten beobachtet und durchschaut zu werden.
Die stehende Redewendung, ein Konzern wie Apple oder
Amazon kenne seine Kunden besser als diese sich selbst,
kommt nicht von ungefähr. Wer über genügend Daten verfügt – und es werden immerzu mehr –, kann den Menschen
in seinen Verhaltensmustern und Eigenschaften leicht entschlüsseln und seine künftigen Handlungen mit erstaunli-
cher Sicherheit vorhersagen. Diese Art von drohender Aus-
rechenbarkeit, die vor allem unter dem Schlagwort Big Data
diskutiert wird, kränkt das Individuum, das stolz darauf ist,
anders und selbstbestimmt zu sein, und sich fremdgesteuert
fühlt, wenn andere bereits wissen, was es im nächsten Moment tun wird. Je weiter sich aber das sogenannte Internet
der Dinge ausdehnt und dieser Everyware nicht mehr zu
entkommen ist,[13] desto stärker wird die Kränkung werden
– und desto größer das Bedürfnis, dem Leben und dem eigenen Ich unvermittelt, also nichtdigital zu begegnen. Das
Anfassen wird wichtiger, das Dabeisein, die Realpräsenz,
und nicht zuletzt deshalb zieht es viele hinaus in die Arenen
des Öffentlichen, in denen es lärmt und stinkt und blinkt
und alle Sinne gefordert werden. Auch das Internet möchte gerne instantan sein, live-tickernd und echtzeitig. Doch
kann es lediglich das vorführen und vermitteln, was sich
zuvor in Bilder, Töne und Texte übertragen lässt. Die Ge-
stimmtheit eines Raums, alles Intuitive, mit dem ein Mensch
die Atmosphäre eines Platzes erspürt und sein Gegenüber
erfasst, bleibt der Wirklichkeit existierender Orte vorbehal-

13 Greenfield, Adam, 2006, *Everyware – The Dawning Age of Ubiquitous
Computing*, Berkeley: New Riders.

ten. Erst im Körper der Stadt bekommt der Mensch die eigene Körperlichkeit zu spüren.

Parkour: im urbanen Raum eine eigene Spur legen

Wie wichtig diese leibliche Erfahrung ist, zeigt sich vor allem an extremeren Sport- und Bewegungsarten, die aus dem und für den urbanen Raum entwickelt wurden und die insbesondere jene Quartiere erschließen, die für gewöhnlich als besonders rau und schonungslos gelten. *Die Unwirtlichkeit unserer Städte* wirkt mit einem Mal attraktiv,[14] sie verspricht eine intensive, weil als besonders authentisch empfundene Begegnung mit dem Urbanen und dem eigenen Ich. Anders als Skateboarder, die zwar ebenfalls Mäuerchen oder Treppen für ihre Sprünge und Tänze mit dem rollenden Brett nutzen und für nicht intendierte Funktionen umwidmen, kommen Bewegungsakrobaten, die sich dem sogenannten Parkour (oder auch dem Freerunning) verschrieben haben, ganz ohne Geräte aus. Sie brauchen nur ihren Körper und die Stadt (und ein paar gute Turnschuhe), um springend, rennend, balancierend, Salti und Haken schlagend durch den öffentlichen Raum zu hechten. Ziel dabei ist, die üblichen Wege und die konventionellen Geh- oder Laufweisen zu meiden und auf eigenen Pfaden querfeldein, kletternd und hüpfend, von einem Punkt zum nächsten zu gelangen. Mauern sind da, um übersprungen zu werden, Müllcontainer, um sich auf ihnen abzurollen, Absperrgitter, um sie zu erklimmen, Schornsteine, um Handstand darauf zu machen.

14 Mitscherlich, Alexander, 1965, *Die Unwirtlichkeit unserer Städte – Anstiftung zum Unfrieden*, Frankfurt am Main: Suhrkamp.

Ob Geländer oder Abluftanlagen, ob Tiefgaragen oder Hinterhöfe – nichts scheint unzugänglich, nichts zu hoch, zu tief, zu gefährlich. Die ganze Stadt steht offen für den, der sich federnd und schnell zu bewegen versteht. Und umgekehrt: Wer sich auf die Stadt einlässt, wer sich an ihr misst, dem lehrt sie Wendigkeit, Geschicklichkeit, Einfallsreichtum und vor allem verführt sie ihn zu einer gewandelten Wahrnehmung.

Alles kann seiner ursprünglichen Bestimmung entwendet, kann umcodiert, umgewidmet werden. Der Zweckbau mit seinen Zweckmauern und Zweckgeländern stellt mit einem mal eine andere, nicht länger ästhetische Herausforderung dar: Alle, die sich der Parkour-Bewegung anschließen, sehen ihre Stadt nicht nur mit den Augen, sondern fühlen sie ebenfalls mit Händen und Füßen. Sie pflegen zu ihr eine nicht selten existentielle Beziehung, die Knochenbrüche und böse Stauchungen durchaus einschließen kann.

Dabei geht es nicht darum, sich vor anderen großzutun. Oft in kleinen, verschworenen Gruppen organisiert, haben es sich die meisten dieser Aktivisten zur Regel gemacht, so wenig öffentliche Aufmerksamkeit wie möglich zu erregen und das Inventar der Stadt zu schonen. Sie suchen die Konfrontation, aber nicht die Beschädigung, sie wollen Spuren legen, deshalb nennen sie sich Traceure. Aber es sind keine äußerlichen Spuren, es sind Spuren der Stadt, die sich im Inneren der urbanen Artisten abzeichnen – als wären sie dort auf einer Karte erfasst, all jene nicht gesehenen, nicht begangenen Pfade und Formen der Stadt, die sie für sich gefunden und erfunden haben.

So groß der Körpereinsatz bei dieser Art der Stadtbelebung aber auch ist, es wäre ein Missverständnis, den Parkouristen eine antidigitale oder antimediale Haltung zu unterstellen.

Vieles wird inspiriert von Kinofilmen oder Videospielen, in denen bekannte Traceure ihr Können in Actionszenen zum Besten geben, als ungreifbare Helden, die behände jede Wand emporgehen. Und selbstverständlich ist das Internet ein Verabredungs- und Verbreitungsorgan. Hier erfährt man, wer sich wo trifft, und hier zeigt man sich gegenseitig die Videos der kühnsten Sprünge und gewagtesten Gänge am Abgrund.

Gelber Pfeil & Geocaching: Rückkopplung mit dem Realen

Ähnlich verhält es sich bei vielen Nichtsportlern. Auch ihnen sind die mobilen Möglichkeiten der Kommunikation behilflich, dem eigenen Ich zu den Realerfahrungen der Stadt zu verhelfen. Dazu gehört beispielsweise, sich mittels bestimmter Apps wie MeetMoi oder Foursquare auffindbar zu machen. Wer diese Programme benutzt, der zeigt anderen – Freunden wie Fremden – wo er sich gerade aufhält, vielleicht zufällig in der Nebenstraße oder im nächsten Café. Man kann sich spontan verabreden und begegnen, vor allem aber sich gegenseitig der eigenen Präsenz vergewissern. Man zeigt, dass sich hinter dem Internet-Ich ein Ich aus Fleisch und Blut verbirgt. Es ist ein Akt der Rückkopplung mit dem Realen – und eröffnet zugleich die Möglichkeit, in die anonymen Räume der Stadt eine andere Form von Nähe hineinzutragen. Zu wissen, wo die anderen sind, wo ihre Körper sind, heißt ja auch, sich nicht länger allein fühlen zu müssen. Was wiederum dazu beitragen kann, nicht nur der städtischen Anonymität, sondern auch der Einsamkeit im Netz, in dem man sich mit allen verbunden und dennoch leicht allein fühlen kann, etwas entgegenzusetzen. In der urbanen Erfahrung wird die digitale Erfahrung des *Alone Together* aufgehoben.[15]

Auch in anderen Zusammenhängen werden technische Neuerungen genutzt, um die Stadt wieder stärker für das Selbst ihrer Bewohner erfahrbar zu machen. Yellow Arrow zum Beispiel, ein Projekt, das von mehreren Künstlern in New York initiiert wurde und sich mittlerweile über einige hundert Städte weltweit verbreitet hat, bringt Wände zum Sprechen, ebenso Laternenpfähle oder Straßenbäume. Sie können mit einem Mal Geschichten erzählen, die ein Einzelner mit dem jeweiligen Ort verbindet und mit anderen teilen möchte. Dabei fungiert die Internetseite yellowarrow. net als eine Art Basisstation, sie gibt die einfachen Spielregeln vor: Die Geschichtenerzähler hinterlassen kleine gelbe Pfeile im Stadtraum, die einen Code tragen, der sich mittels SMS-Kurzmitteilungen oder über das Netz entschlüsseln lässt und so jedem Unbekannten die Erinnerungen, Assoziationen oder Protestnoten eines anderen Unbekannten zugänglich macht. Häufig sind es nur Belanglosigkeiten, die weitergereicht werden; manchmal aber lassen sie erahnen, dass hier die Grundlage einer anderen Art von Oral History gelegt wird. Die Stadt kann als gelebtes Gedächtnis erfahren werden, sie konstituiert sich für alle zeichenhaft sichtbar nicht nur aus Stein und Glas, sondern aus dem, was sonst unsichtbar bleibt: aus Stimmungen und Erinnerungen, »einer Kartographie des Intimen, des Alltäglichen, des Monu-

---

15 So der Originaltitel eines Buches der US-amerikanischen Soziologin Sherry Turkle; dies., 2011, *Alone Together: Why We Expect More from Technology and Less from Each Other*, New York: Basic Books (dt.: *Verloren unter 100 Freunden – wie wir in der digitalen Welt seelisch verkümmern*, München: Riemann, 2012).

mentalen, des Ephemeren, des Epochalen«.[16] Geschichte ist nicht länger abstrakt, sondern verortet – und dank der Verknüpfung von digitaler und urbaner Sphäre ist es dem Individuum möglich, sich in die Stadt einzuschreiben und Teil einer Realerfahrung zu werden.

Wie groß das Bedürfnis danach bei vielen Menschen offenbar ist, zeigt auch die Popularität des Geocaching, einer Art von Schnitzeljagd mit den technischen Mitteln des GPS. In gewisser Weise handelt es sich um das Pendant zur Yellow-Arrow-Bewegung, hier wird nichts offenbart, hier wird etwas versteckt. Und nur die Längen- und Breitengrade des Verstecks, samt einer Angabe zum Suchradius, werden im Internet kundgetan, um dem Suchenden einen Anhalt zu bieten. Zumeist handelt es sich um eine Plastikdose, die für Passanten möglichst unsichtbar, in Spalten oder hinter Hecken deponiert wird. Darin befinden sich jedoch keine wirklichen Schätze, sondern nur ein paar persönliche Hinterlassenschaften wie Haarklammern oder ein Knopf. Mehr als zwei Millionen Verstecke gibt es inzwischen, sie führen den Suchenden in entfernte Landschaften oder nur in die eigene Nachbarschaft. Immer aber weisen sie ihn darauf hin, dass im Offensichtlichen mehr verborgen liegt, als auf den ersten Blick erkennbar ist. Sie leiten ihn an, die eigene Wahrnehmung zu schärfen und die Fülle der geographischen Wirklichkeit zu erkunden. Der eigentliche Schatz ist also immaterieller Natur, er besteht in der Suche und im Finden – und darin, sich in das sogenannte Logbuch, das jedem Versteck beigegeben ist, per Unterschrift einzutragen.

16 Zitiert nach House, Brian/Jesse Shapins, o. D., »Talking about media, the city and human subjectivity: A retroactive manifesto for a critical urban media arts«, online verfügbar unter: {http://periplurban.org/guides/2.pdf} (Stand: Juni 2013).

Auch im Internet soll der Fund auf der zugehörigen Seite dokumentiert werden, möglicherweise um ein Foto ergänzt. Das Geheimnis wird aber weiter gehütet, man darf selbst etwas in die Box legen oder eine der dortigen Memorabilien austauschen. Doch nie geht es um Bereicherung, nie ums Besitzen oder um Offenbarung. Es geht darum, an einem realen Ort gewesen zu sein und diese Ich-bin-Erfahrung mit anderen zu teilen.

Man kann im Geocaching eine gesittete, technophile Form jenes Verlangens erkennen, das andere dazu antreibt, die Städte mit gequirlten Kringeln und Kürzeln, mit Graffiti zu überziehen. Auch die Sprayer schreiben sich ein ins Urbane, auch sie nutzen die öffentlichen Räume, um sich zu verorten. Sie agieren wie die Schnitzeljäger (die niemand, so die Regel, bei ihrer Suche beobachten darf) im Verborgenen und machen das Unsichtbare sichtbar mit ihren Zeichen. Ebenfalls verbindet die beiden eine körperliche Affäre mit dem Urbanen. Und nicht zuletzt: So wie Geocacher einen Schatz ohne Wert jagen, setzen Graffitisprayer eine Botschaft ohne Bedeutung in die Welt. Das unterscheidet ihre Wandbilder von den Höhlenmalereien der Steinzeitmenschen oder den Kritzeleien, die es in der Antike schon gab. Die Writer, wie sie sich nennen, wollen zwar schreiben, aber nichts überliefern, keine Nachricht übermitteln. Außer vielleicht der, dass es sie selber gibt.

Der Graffitisprüher als Flaneur der Gegenwart

Das Programmatische der Graffitisprüher begründet sich also nicht in dem, was sie malen, sondern in ihrem Umgang mit der Stadt. Sie widersetzen sich der Zergliederung, unterscheiden nicht zwischen Geschäftsvierteln und Industriezonen, zwischen Wohn- und Einkaufsstätten. Einer Stadt, die streng nach ihren Funktionen sortiert ist, setzen sie eine Lebensweise entgegen, die keine Grenze und keinen Besitz akzeptiert, für die selbst eine Unterführung ein Ort des Aufenthalts und der Gestaltung sein kann. Der Sprüher sieht jeden Stromkasten, jede Leitplanke, jeden Brückenpfeiler, signiert das Unsichtbare und zwingt es so nicht selten zurück in die Wahrnehmung des Nichtsprühers. Sinn stiften Graffiti so wenig wie Schönheit, dafür aber machen sie, so könnte man sagen, das Urbane urbar. Der Sprüher ist der Flaneur der Gegenwart, ein gehetzter Flaneur: Er liebt die Bewegung, die Veränderung, durchstreift lustvoll und kokettierend die Stadt, die er als seine Kulisse begreift, als Brennpunkt, Austragungsort und Schauplatz. Sehr genau spüren die Sprayer, dass die Straßen nur so strotzen vor Herrschaftszeichen, dass jedes Werbebanner, jede Hausfassade um Bedeutung buhlt. Über diese Zeichen setzen sie sich hinweg in pubertärem Aufbegehren, mit dem Tempo der Jugend. Für die Writer ist die Stadt nichts Festgeschriebenes mehr, kein ehernes Gebilde, das sich nur träge verändert, weil ab und an ein paar neue Gebäude entstehen.

Gewiss wäre es widersinnig, diese Form von Sachbeschädigung zu heroisieren. Man kann darin auch nur optische Umweltverschmutzung erblicken, autistische, antistädtische Reflexe, die den urbanen Raum in eine Ego-Zone verwandeln, in der jeder macht, was er will, ohne jeden *sensus communis*. Doch bemerkenswert bleibt, dass im Internetzeitalter, wo es jedem möglich ist, den eigenen Mitteilungsdrang auszuleben und dem eigenen Ich ein digitales Königreich zu errichten, die Stadt weiterhin als Resonanzraum gefragt ist. Als ein solcher Raum wird sie von vielen wahrgenommen, längst nicht nur von den Sprayern. Was als quasisubversive Jugendbewegung begann, ist zum akzeptierten Mainstream geworden, jedenfalls wenn es sich um jene Form der urbanen Kreativität handelt, die aus den Graffiti hervorgegangen ist: um die Street Art.

Street Art: Das kreative Selbst belebt die Straßen

Die Kunst im öffentlichen Raum oder die verbreiteten Skulpturenparks haben die Beliebtheit dieser Art von Stadtgestaltung mittelbar befördert. Obwohl sich die Street Art von Vermarktungsinteressen fernhält und klassische Kunstinstitutionen ihrem Wesen nach meidet, sind Künstler wie Banksy oder Brad Downey längst bei Sammlern gefragt, die sich nach dem Authentischen sehnen. Und vermutlich macht sie auch diese Art der Berühmtheit zum Vorbild vieler, die aus Gullydeckeln, Ampeln, sogar Bäumen einen Bildträger zu machen verstehen. In gewissem Sinne lässt sich die Street Art als eine Variante der alten Volkskunst verstehen, mit durchaus folkloristischen Komponenten, aber ebenso mit großem Witz. Es ist eine Kunst, die sich nicht festlegt auf ein Material oder auf bestimmte Formen, und anders als Graffiti tritt sie meist nicht aggressiv auf, sondern im Gegenteil, oft so unscheinbar, dass man sie fast übersieht – wenn etwa ein Luftballon vor einer Überwachungskamera baumelt, so dass dieser die Sicht genommen wird, oder wenn winzige Spielfiguren aus ihrer Modelleisenbahnerwelt in den urbanen Raum transplantiert werden, wo sie dann beispielsweise auf einer weggeworfenen Bierdose sitzen. In der Regel verschwinden diese einfallsreichen Interventionen rasch wieder, werden fortgeräumt oder unachtsam zertreten. Sie leben dann als Fotografie weiter, in populären Büchern oder auf entsprechenden Internetforen, wo sie von allen, die es interessiert, bestaunt werden können. Doch dieses Ausstellen ist nur ein Nebenaspekt; viel wichtiger ist das Machen, das Umformen, Eingreifen und sich Aneignen. Nicht der Mutwillen vieler Graffitisprayer treibt die Street-Art-Künstler an, sondern die Lust, den eigenen Ideen eine Form zu geben, und zwar nicht in der Dunkelheit des Hobbykellers, sondern im Licht des öffentlichen Raums.

Das Basteln, Kneten und Formen als eine Art des Selbstspürens sucht sich als Gegenüber die raue Stadt. Und ähnlich wie bei den Graffiti kann man darüber staunen, bietet doch das Internet unendliche Freiräume, um filmend, mischend, neu vertonend kreativ zu sein. Die Stadt aber ist als Austragungsort des gestaltungswilligen Ichs besonders verlockend, sie bietet Reibung, Erdung, eine Realität für oftmals irreale Einfälle.

Vielleicht ist es gerade die Hartleibigkeit urbaner Räume, vielleicht ist es das Widerborstige, das viele Menschen suchen. Denn das Grundgefühl, das ihnen von digitalen Medien vermittelt wird, ist eher ein Gleiten, widerstandslos, fast ohne Berührung. Es ist eine tatsächlich liquide, verflüssigte Realität, und das heißt auch: Man dringt nicht in sie ein, dafür ist sie zu nachgiebig und wandelbar; man ist nur Surfer. Man reitet einige Wellen der Wirklichkeit ab, doch surfbare Wellen türmen sich meist nur dort auf, wo es flach wird, wo sich eine viel größere, tiefere Wirklichkeit bricht. Diese Tiefe scheint für den Surfer unerreichbar, das Eigentliche bleibt ihm vorenthalten, so sein Eindruck. Denn selbst dort, wo er auf etwas Zugriff hat, wo er zum Beispiel bei Amazon oder iTunes ein Buch oder ein Musikstück erwirbt und meint, es nun sein Eigen nennen zu können, belehren ihn doch die allgemeinen Geschäftsbedingungen eines Besseren: Es handelt sich nur um eine Form von Nutzungs- und nicht um Besitzrecht. Er darf zugreifen, aber in der Hand hat er nichts. Es ist wiederum eine Entzugserfahrung.

Neuverwurzelung im öffentlichen Raum

Dass sich dagegen Widerstände rühren, lässt sich leicht vorstellen: Obwohl sich ein kausaler Zusammenhang kaum wird nachweisen lassen, fällt doch auf, dass mit der Digitalkultur zugleich ein neues Bedürfnis nach dem Handgemachten aufkam, nach Dingen, die nicht nur in einer fernen Wolke existieren, sondern die der Einzelne tastend, greifend, formend verfertigt. Im Internet finden sich zahlreiche Anleitungen und Ratschläge, und eigene Workshops wie das Maker Weekend in Berlin werden regelmäßig abgehalten. Sie wollen es jedem ermöglichen, sich Taschen zu nähen, Lampen oder Hocker herzustellen oder sogar Haushaltsgegenstände aus Beton zu gießen.

In vielfältiger Weise zeugen Eigenarbeit und das Selbermachen, diese Begeisterung für das Do-it-yourself-Prinzip, von dem Verlangen, die digitale Entfremdung vom eigenen Körper zu überwinden und eine neue Art der Selbstbestimmtheit zu gewinnen. Manche Trendforscher sprechen von Regrounding, es ist die Suche nach Bodennähe und Eigenempfinden. Im Urban Gardening, von manchen auch Guerilla Gardening genannt, zeigt sich das besonders eindrücklich: Aus Stadtbrachen werden temporäre Gärten für Gemüse und Blumen. Und nicht zufällig sind es vor allem Vertreter der Generation Facebook, die mit Samenbomben oder kleinen Pflänzlingen bewaffnet losziehen und die urbanen Wüsten neu begrünen. Viele haben mit Anfang dreißig schon die halbe Welt bereist, es zieht sie nicht mehr in die Ferne, eher schon auf ein Parkdeck wie in Hamburg oder auf ein aufgelassenes Flugfeld wie in Berlin, um Rosenkohl und Erbsen anzubauen. Und überall in Deutschland gedeihen urbane Gemeinschaftsgärten, in denen Menschen unterschiedlicher Herkunft nach neuer Verwurzelung suchen. Hier entsteht nicht selten Widerstand: gegen die Nahrungsmittelindustrie, gegen eine Welt, in der alles vorgefertigt, verpackt, abstrakt ist. Selbst säen, selbst ernten, diese Erfahrung lockt viele urbane Kleinbauern. Eine Sehnsucht nach krisenfestem Leben, eigenversorgt und eingebunden in den Rhythmus der Jahreszeiten.

War die Stadt ursprünglich jener Ort, an dem sich viele nicht ohne Stolz darüber freuten, endlich keine Feldarbeit mehr verrichten zu müssen, nicht länger abhängig zu sein von den Unbilden des Wetters und nicht von der Hand in den Mund leben zu müssen, so dreht sich dieser Emanzipationsprozess nun in Teilen um: als freies Ich darf sich betrachten, wer Möhren aus der Erde gräbt. Das Gärtnern war immer ein Akt der Zähmung: Der Mensch gewann Kontrolle über die freien Mächte der Natur, er wollte den Dschungel beherrschen. Heute ist der Dschungel keine Bedrohung mehr, er ist selbst bedroht und gilt vielen als Sehnsuchtsort. Wenn überhaupt möchte der Stadtgärtner ein Stückchen der dschungelhaften Digitalmoderne zähmen. Für ihn ist der Garten eine Heterotopie, ein Ort, der nach eigenen Regeln funktioniert – und nicht nach denen der unbedingten Effizienz und Rationalität.

Was sich schon bei Cato, Virgil oder Plinius nachlesen lässt, scheinen viele Büromenschen von heute ebenso zu empfinden: Wer in der Erde herumwühlt, wer etwas anbaut, etwas kultiviert, der bemerkt rasch, dass sich nicht nur ein Stück Land, sondern auch ein Stück seiner selbst verändert. Vielleicht spürt er, wie seine Geduld wächst: In einer Zeit, in der alles machbar und verfügbar zu sein hat, dank der Gentechnik selbst das eigene Ich, in einer solchen Zeit vergräbt man eine Tulpenzwiebel. Und ganz gleich, wie häufig man nun gießt, wie sehr man sie düngt, die Zwiebel lässt sich nicht zwingen. Sie sprießt, wenn es ihr (und dem Wetter) gefällt. Der Gartenmensch steht wartend daneben und ist heiter erstaunt über diese blühende Form der Unverfügbarkeit. Er steht vor einem Reichtum, den er nicht verdient und nicht geschaffen hat.

Anders als der Fetisch namens Wachstum, dem die Ökonomen huldigen, obwohl doch jeder weiß, dass er nicht glücklich macht, ist der wachsende Garten immer noch ein Versprechen. Hier gedeiht die Lust daran, sich auszumalen, was noch nicht ist. Wer gärtnert, lebt in Erwartung – und wer in der Stadt gärtnert, im öffentlichen Raum, der zieht mit dieser Erwartung hinaus aus dem *hortus conclusus* und teilt sie mit anderen. Neben Stangenbohnen oder Dahlien wächst das Bedürfnis, die gärtnernde Selbsterfahrung mit anderen zu teilen. Die Stadt wird zum Raum für ein Ich, das sich ohne Wir nicht denken möchte.

IV. Stadt und Wir
Von der wachsenden Begeisterung für urbane Kollektive

Ob Urban Gardening oder Urban Art, ob Geocaching, Yellow Arrow oder Marathon – fast alle diese städtischen Formen der Ich-Bestimmung und Ich-Bestärkung wären kaum vorstellbar, gäbe es nicht eine kollektive Rückversicherung. So gut wie jeder, der sich selber in der Stadt spüren, wiederfinden, einschreiben möchte, bezieht sich dabei auf andere, die ähnliche Interessen wie er verfolgen, sei es die Peergroup, die Trainingsgruppe oder ein digitales Forum, das zum Austausch von Bildern und Erfahrungen einlädt. Das urbane Ego ist nicht asozial, es vernetzt, verbindet sich – und die Digitalmoderne verstärkt diese Sozialität, von Ein- und Anbindung.

Vielen mag es selbstverständlich vorkommen, dass man schnell Kontakt schließen, sich zusammenfinden und dann wieder seiner Wege gehen kann. Die Umgangsformen, so empfinden es manche, sind legerer geworden. Vor allem aber haben sich diverse Abstufungen von Vertrautheit entwickelt, und die einst klare Unterscheidung zwischen Freunden und Bekannten ist diffuser geworden. In Zeiten von Facebook sind Freundschaften schnell geschlossen, obwohl das keineswegs heißen muss, dass es sich dabei um eine verlässliche, intensive Beziehung zweier Menschen handelt. Es finden sich neue Zwischenformen der Verbindlichkeit, vergleichbar der E-Mail oder der SMS, die eine Form der Kommunikation erlauben, die weder so direkt ist wie ein Telefonat noch so formell wie ein Brief. Für den öffentlichen

Raum bleibt das nicht ohne Auswirkungen: So muss man beispielsweise nicht länger Mitglied eines Vereins sein, um gemeinsam Sport zu treiben; man kann sich über entsprechende Foren im Internet mit anderen für eine Wanderung oder einen Walking-Abend in der Stadt verabreden, ohne Gebühr und ohne irgendeinen Anspruch auf weitere Treffen. Die Bereitschaft, sich im urbanen Räumen zu versammeln, ist größer geworden, eben weil damit nicht gleich ein Versprechen auf Verbindlichkeit einhergeht.

Diese Zweckbündnisse und Kurzzeitkollaborationen widersprechen der verbreiteten Befürchtung, das öffentliche Leben der Stadt werde an der überschießenden Egozentrik zahlreicher Menschen zugrunde gehen. Der Drang nach Distinktion, das Bedürfnis, möglichst individuell aufzutreten und auf keinen Fall in der Masse unterzugehen, dieser Wunsch nach Einzigartigkeit schien vielen über die Jahre zu erstarken. Und tatsächlich, das Abkapseln und Einigeln – auf der Nase die große Sonnenbrille, vor den Augen der Laptop, die Ohren abgeschirmt von überdimensionierten Kopfhörern – gehört zu den gängigen Verhaltensmustern im öffentlichen Raum. Wer sich auf solche Weise zurüstet, ignoriert das soziale Leben der Stadt, versteckt sich unter Kapuzenpullis, hört nur auf sein Handy, nicht auf das Gegenüber. Doch zeugt selbst diese Art ostentativer Kontaktverweigerung noch von einer gewissen Vertrautheit: Fühlte sich jemand von anderen inständig bedroht, müsste er Ausschau halten, um möglichen Gefahren zu entgehen, dann dürfte er seine Sinne nicht verdunkeln oder dämpfen. Seine Ignoranz, die als Coolness gemeint ist, kann er sich nur leisten, weil er nicht damit rechnen muss, im nächsten Augenblick angebrüllt, angespuckt oder mit dem Messer attackiert zu werden. Es ist eine Form von Verlässlichkeit, die ihn trägt und die den meisten derart zur Selbstverständlichkeit geworden ist, dass sie fast niemandem weiter auffällt, es sei denn, sie wird abrupt gestört, durch Gewalt beispielsweise.

Dem anderen vertrauen zu können, ohne mit ihm vertraut zu sein, gehört zu den Grunderfahrungen in der Stadt. Hier verliert das Fremde seine Bedrohlichkeit, es wird verträglich und nicht selten sogar als begehrte Bereicherung verstanden. Diese Entwicklung verstärkt sich noch durch die Möglichkeiten der digitalen Kommunikation. Hier, im Internet, ist das Fremde stets nur einen Klick entfernt, hier hat alles Sonderliche, Eigenartige, Unvertraute einen Raum, und meistens steht dieser Raum allen offen. So erscheint es vielen selbstverständlich, sich auf Abweichungen einzulassen, oder sie sind geübt, sie mit Nonchalance zu ignorieren. Und das heißt für den öffentlichen Raum der Stadt, dass die Bereitschaft wächst, sich bei entsprechendem Bedarf ohne große Hemmungen aufeinander einzulassen und im Unbekannten einen möglichen Verbündeten zu sehen.

Vereint auf Facebook-Partys und beim Public Viewing

Die Erfahrung der Menge wird wichtig, nicht zuletzt deshalb, weil das Internet solche Erfahrungen im urbanen Raum zwar technisch erleichtert, sie selbst aber allenfalls simulieren kann. Im sogenannten Shitstorm, dem kollektiven Wutausbruch, den jeweils ein Einzelner auf sich zieht, wird das Kollektiv und seine gewaltige, in diesem Fall zerstörerische Macht erahnbar. Auch gibt es manche Computerspiele, an denen gleichzeitig mehrere Teilnehmer partizipieren. Doch die Menschenmasse als eine eigene, reale Kraft tritt eben doch nur in der urbanen Sphäre in Erscheinung. Deshalb finden es manche reizvoll, im digitalen Raum etwa via Facebook zu Partys aufzurufen, für die es keinen rechten Grund und Anlass gibt außer den, dass man zu ihnen aufrufen kann. Lauter Menschen, von denen sich die meisten nicht kennen, strömen zusammen, an einem Flussufer oder in einer Vorstadtsiedlung, sie bringen in der Regel ihre eigenen Getränke mit, denn es gibt niemanden, der das Fest im eigentlichen Sinne organisieren würde oder der wüsste, wie viele Gäste am Ende kommen, ob 150 oder 15 000. Die Polizeidienststellen sind entsprechend beunruhigt, mögliche Nachbarn ebenfalls, aber es geht bei diesen Partys nicht so sehr um die Störung der öffentlichen Ordnung, auch nicht unbedingt um die anarchische Lust am Unberechenbaren. Es geht viel eher darum, die digitale Erfahrung der vielen in eine urbane Erfahrung zu übertragen. Welche kollektiven Kräfte kann das Netz entfalten? Und was passiert, wenn all die Un- und Halbbekannten, auf die man in der digitalen Sphäre trifft, mit einem Mal leibhaftig werden, ihre Pseudonyme ablegen und jedem ihr Gesicht zeigen? Es gehört zum Rausch dieser Partys, dass sich dort eine greifbare Gemeinschaft auf Zeit formt. Es braucht nur einen Knopfdruck, und es passiert etwas Reales, eine Bewegung entsteht und sie trägt den Einzelnen mit sich fort.

Das mag man kindlich finden oder kindisch. Man kann sich auch darüber ärgern, wie leichtfertig hier öffentliche Räume für semiprivate Spielchen okkupiert werden. Staunenswert bleibt indes, wie populär solcherart Verabredungen sind, bei denen sich das Individuum freudig als Teil einer Masse begreifen will. Selbst das Fernsehen, das ja in kulturkritischer Perspektive stets als ein Medium galt, das die Menschen vereinzele und in die Vereinsamung treibe, wird unterdessen wieder als Möglichkeit kollektiver Erfahrungen genutzt. Im Internet gibt es den sogenannten Second Screen, den zweiten Bildschirm neben der Fernsehmattscheibe, auf dem der Zuschauer eine aktive Rolle einnimmt und zum Zuträger, Zustimmer oder Kritiker wird. Er kommentiert Sendungen, während sie noch laufen, verständigt sich mit anderen, tauscht sich aus. Er sendet, derweil der Sender sendet, und so wird aus dem Einwegkanal eine Mehrwegerfahrung. Auch die Stadt kann zu einem solchen Ort der Fernsehgemeinschaft werden, beim Public Viewing, wenn mitunter Hunderttausende zusammenkommen, um auf großen Leinwänden etwas zu sehen, was nicht gegenwärtig ist, und gleichwohl eine dringliche Präsenz bekommt, weil es gleichzeitig von so vielen bestaunt, bejubelt oder ausgepfiffen wird – die sich wiederum dadurch selber besonders präsent fühlen. Vor allem bei Sportübertragungen ist das Kollektivgucken beliebt, aber ebenso bei politischen Großereignissen wird es von manchen Sendern angeboten. Das geteilte Interesse sucht sich geteilten, urbanen Raum: Fernsehen als Anti-Vereinzelungsprogramm.

Dafür böte sich ein Irgendwo an, draußen am Stadtrand; bezeichnenderweise fällt die Wahl jedoch meist auf urbane Orte. Vordergründig, weil sie verkehrsgünstig liegen, es scheint aber einen besonderen Reiz darzustellen, gerade die Stadt, diese bleibende, dauerhafte Größe, zum Austragungsort des Vorüberziehenden zu machen. Denn sie bietet zweierlei zugleich: Sie ist Bühne und Auditorium, man wird gesehen und sieht, ist Darsteller und Betrachter in einem. Oder anders formuliert: Man fühlt sich herausgehoben und geht zugleich in der Menge auf.

Insbesondere für eine weitere Form von Augenblickge-
meinschaft, die speziell von jüngeren Menschen geschätzt
wird, für den Flashmob, erweist sich dieser Doppelcharakter als besonders attraktiv. Hier wird der Einzelne zum
Teil einer Horde, Meute, Herde, er gehört zum Mob. Dieser Mob gibt sich allerdings nicht sofort zu erkennen, er
tarnt sich in geschäftiger Normalität. Erst auf ein Zeichen
hin, etwa wenn jemand auf einer Trillerpfeife das verabre-
dete Signal gibt, fährt es wie der Blitz (eben ein *flash*) in die
Gruppe und sie wird für alle Passanten überraschend sichtbar. Es ist ein Spiel, das urbane Routinen durchbricht, Vereinzelung aufhebt und das Passive ins Aktive wendet – nur
um es umstandslos wieder ins Gewohnte zurückspringen
zu lassen.

Der Flashmob lässt sich als Wohlstandsphänomen verste-
hen, als Ausdruck einer Zerstreuungsgesellschaft, die ge-
langweilt von sich selbst ihre eigenen Kurzevents ersinnt.
Man verabredet sich auf Bahnsteigen, in Hotelhallen, auf
Rolltreppen, wo und wann genau, wird im Internet oder per
E-Mail festgelegt. Dort wird ebenfalls beschrieben, was der
Einzelne im Moment des Flashs zu tun hat: Seine Rolle ist
definiert, er hat den Regieanweisungen zu folgen. Mal singt
der Mob mitten im August ein Weihnachtslied auf offener
Straße, mal trommeln Menschen mit den Schuhen auf den
Bürgersteig oder bleiben erstarrt stehen, als wären sie in einen Dornröschenschlaf gefallen, nicht 100 Jahre, sondern
100 Sekunden lang. Der erste Flashmob, so geht die Fama,
ereignete sich 2003 in New York, als sich etwa 130 Teilnehmer im neunten Stock des Kaufhauses Macy's trafen, um
gemeinsam einen teuren Teppich zu begutachten und den

herbeieilenden Verkäufern zu erklären, dass sie alle in einem Lagerhaus am Rande der Stadt wohnten und grundsätzlich ihre Einkäufe nur zusammen tätigten. Man hatte sich verschworen, freute sich an der eigenen Konspiration, die man auch als eher dümmlichen Streich beschreiben könnte – wäre es nicht zugleich bemerkenswert, dass einige Wildfremde sich zu einem kurzen Moment der Übereinkunft treffen und in dieser Übereinkunft eine soziale Fantasie aufscheint. Wie wäre es, wenn man allen Individualismus fahren ließe, tatsächlich in einer Riesengruppe in einem Riesenhaus wohnte und nur noch als Gruppe einkaufen ginge? Im Flashmob lichtet sich für einen Moment der Dunst des Alltäglichen, die Welt schaut über sich selbst hinaus. Eine in der Regel menschenfreundliche Absurdität, ein Anflug von Anarchie belebt den städtischen Raum.

Der Normalmensch darf seiner Normalität entschlüpfen, er darf anders sein, und paradoxerweise gelingt das, weil er seinen Anspruch auf Distinktion zumindest für ein paar Minuten aufgibt und vom Individuum zum Massenmensch wird, zum nonkonformen Konformisten, angepasst an das, was alle anderen tun, für einen Augenblick. Den anderen, den Uneingeweihten, die er unfreiwillig zu Zuschauern macht, bietet er Überraschung, Verstörung oder Erheiterung, je nachdem. Vielleicht bleibt nur die Einsicht, dass es doch mehr Verrückte auf der Welt gibt als angenommen. Vielleicht aber macht das Rollenspiel der anderen sichtbar, wie sehr man selber in jener Rolle feststeckt, die jeder einnimmt, der sich im urbanen Raum bewegt. Und vielleicht ermuntert der Flashmob den einen oder anderen, die eigene Rolle zu erweitern und die eigene Stadt als Ort der Freiheit und Eigentümlichkeit zu begreifen.

Nicht ein bedrohliches Wir begegnet dem Passanten in den

dadaartigen Flashmobs, dafür sind sie zu flüchtig. Eher lebt sich dort ein kollektives Es aus, ein Es, das sich fröhlich entlädt – und der rein funktional bestimmte Stadtkörper wird einmal mehr entmachtet, weil in ihm ein Tanzen, Gurren und Trillern ist, das so nicht zu erwarten stand. Wo alles programmiert wirkt, kontrolliert, geregelt, ereignet sich Unvorhersehbares. Nichts, das motiviert wäre, einem Geld- oder Besitzstreben nützlich sein könnte oder Gültigkeit beanspruchen würde; nur ein Neosituationismus, der die Freude an der Freude und die Überraschung an der Überraschung preist. Und der damit den öffentlichen Raum tatsächlich offen erscheinen lässt: für eine Kissenschlacht, für eine Runde Walzer auf dem Marktplatz oder für einen Abend gemeinsam vorgetragener Gedichte vor einem Tunnelmund.

Dabei bewahrt der Raum seine Offenheit, nie wird er dauerhaft okkupiert, denn es gehört zu den ungeschriebenen Regeln des Flashmobs, dass sich alle Teilnehmer unmittelbar nach Ende der Aktion in die Normalität zurückziehen, so als wäre nichts geschehen. Es geht nicht um eine Handlung mit Folgen, nicht um eine Botschaft, die verbreitet werden soll. Es geht darum, dass etwas geht: dass sich etwas verbindet, verbrüdert, gemeinschaftlich erfahren lässt, und dass diese Erfahrung ganz aus dem spezifischen Raum und dem bestimmten Moment lebt. Es ist eine kollektive Präsenzerfahrung, das Dabeisein im Hier und Jetzt ist entscheidend. Mag die Digitalmoderne auch Ort und Zeit weiter verflüssigen, im Flashmob werden sie für den Moment gebannt und wieder bedeutungsvoll. Nicht zufällig gehört der Freeze, das abrupte Erstarren aller Beteiligten, dieser Moment des Innehaltens, als hätte jemand die Zeit angehalten, zu den beliebtesten Aktionen der Flashmobber.

Abermals wird der urbane Raum gestärkt: Er ist weit mehr als nur Austragungsstätte einer übermütigen Performance, er wird als ein Ort der Verlässlichkeit erlebt, seltsamerweise just in einer Situation der Ausnahme. Kein Flashmob wäre denkbar ohne Grundvertrauen: ohne die Annahme, selbst in der vorgetragenen Exzentrik akzeptiert zu werden, nämlich von den Unbeteiligten, die überrascht sein mögen, vielleicht erschrocken, die aber das Treiben des Mobs im Zweifel achselzuckend hinnehmen. Zugleich verschafft der Flashmob den Teilnehmern die Gewissheit, selbst für die spleenigsten Vorhaben noch Gefährten auf Zeit finden zu können und also in aller Exzentrik eines Zentrums sicher sein zu dürfen. Wenn Urbanismus bedeutet, ein gemeinsames Interesse an der Stadt zu bekunden, einen geteilten Willen, dann erquicken Flashmobs das urbane Leben, wenngleich nur auf eine aufflackernde, bald wieder erloschene Weise.

Urban Gaming: die Stadt als Raum geteilter Fantasien

Anders verhält es sich, wenn die Stadt nicht nur als Bühne für Kurzauftritte, sondern als Feld raumgreifender, oft sehr komplexer Spiele entdeckt und eingenommen wird. Je weiter sich mobile Datentechniken verbreiten, desto populärer werden diese Urban Games, häufig vorangetrieben von ehrenamtlichen Entwicklern. In vielen Städten Nordamerikas, aber auch Nordeuropas finden sich etliche begeisterte Teilnehmer, mal sind es zwei Dutzend, mal mehrere Hundert, die zum gemeinsamen Spielen zusammenkommen. Rasch sind diverse Unterarten entstanden, bekannt unter Begriffen wie Location-based Games, Augmented Reality Games, Pervasive Games oder Geosocial Games, und aus einer eher subkulturellen Unternehmung wurde eine breite, sich immer weiter entwickelnde Form urbanen Miteinanders. Sogar eigene Festivals gibt es bereits und Kooperationen mit staatlichen Fernsehsendern (etwa in Großbritannien), so dass sich Internet, Stadtraum und Television munter durchdringen – eine Medialisierung des Realen, ein Wirklichkeitsgewinn fürs Mediale.

Manche der Urban Games verlegen sich darauf, beliebte Abenteuer- und Strategiespiele aus der Computer- in die Stadtsphäre zu übertragen. Pac-Man oder Tetris werden nachgespielt. Was also vormals auf den Bildschirmen per Mausklick oder Joystick kontrolliert wurde, gewinnt Körper und Raum, es materialisiert sich. Das hat den Vorteil, dass allen Beteiligten (von denen sich viele nicht unbedingt kennen) mehr oder weniger gut über die Regeln und Abläufe Bescheid wissen und diese nicht erst langwierig erläutert werden müssen. Dasselbe gilt für Räuber- und Gendarmspiele, bei denen es darum geht, möglichst unbehelligt mehrere Quartiere einer Stadt zu passieren oder ein gegnerisches Team vom Erreichen des zuvor verabredeten Ziels abzuhalten. Manche Spielbeschreibungen erinnern auch an Spielfilmskripte, bei denen der Held sich in Hauseingänge ducken, unter Autos verstecken oder über Hinterhöfe fliehen muss, um den Spionen des Feinds nicht in die Hände zu laufen. Inszeniert wird ein urbanes Abenteuer, bei dem der öffentliche Raum, der sonst einen so vertrauten Eindruck macht, auf ungewohnte Weise bedrohlich anmuten kann und dem Teilnehmer abverlangt wird, sich anders zu bewegen und die Stadt mit anderen Augen zu sehen.

Vor allem aber beginnt dort, wo man es nie erwartet hätte, eine Geschichte zu leben, die nicht historisch und nicht biographisch ist, sondern den Einzelnen und seine sehr konkrete, mit Händen zu greifende, mit seinem ganzen Körper zu durchmessende Umgebung hinweghebt ins Fiktionale. Für die Dauer des Spiels ist die Stadt nicht mehr die Stadt; der öffentliche Raum füllt sich mit Imagination. Sich selbst bewegend, erscheint dem Teilnehmer auch das Urbane nicht länger statisch: Was übermächtig und dauerhaft wirkte, verliert seine Permanenz, es wird verfügbar, im Kopf des Einzelnen, ausgelöst vom Zusammenspiel der vielen.

Anders als bei den La-Ola-Wellen, die die Menschen in den Stadien oder auf den Public-Viewing-Plätzen wogen lassen, ist es kein Spiel des Publikums mit sich selbst. Anders auch als bei den Flashmobs haben nicht die einen, die Aktiven, ihren Überraschungsauftritt und die anderen, die Passiven, müssen die Überraschten geben. Bei den Urban Games werden alle Mitspieler zu Akteuren, alle sind eingebunden, selbst wenn die Rollen unterschiedlich verteilt sein mögen; hingegen werden die nichtspielenden Passanten in der Regel nicht gebraucht und nicht behelligt, sie bilden die Kulisse der Normalität. Und so zeigt sich hier eine dichtere Form der Gemeinschaftlichkeit: Man ist verbunden durch die Regeln, auf die sich alle verständigt haben, und ist zudem vereint im Spiel selbst, durch seinen Verlauf. Man begibt sich zwar in eine Konkurrenz, sei es, dass jeder gegen jeden antritt oder einzelne Teams einen Wettstreit eingehen. Doch unterschwellig ist das Kollektiv von der Einsicht getragen: Spielen können wir nur, weil wir uns voneinander abhängig machen. Ohne diese Abhängigkeit gäbe es keinen Spaß, keinen Sieg und auch nicht die Stadt mit ihren öffentlichen Räumen.

Der Einzelne kann sich als Akteur erfahren, weil es andere Akteure gibt. Mehr noch, er wird zum potentiellen Autor, denn obwohl viele der beliebtesten Urban Games von semiprofessionellen Spiele-Erfindern geprägt worden sind, die ihre Ideen als Gemeingut unentgeltlich verbreiten, ist doch jeder dazu aufgerufen, die Regeln zu variieren oder neue Spiele zu ersinnen. Und ohne großen Aufwand kann er sie publizieren und findet auf Webseiten wie ludocity.org oder sfo.org ein breites Publikum. Das können ausgefeilte, verwickelte, absurde Ideen sein oder Anleitungen für stille Formen der Anarchie, die gleichwohl eingebettet bleiben in ein spielerisches Konzept des Wettkampfs.

Diese Street Games müssen nicht binnen Stunden oder an einem Tag abgeschlossen werden, manche finden nie ein Ende oder benötigen einen Sommer, etwa wenn einige Gruppen, die sich Wurzelrebellen, Che Blumenara oder Los Rankos nennen, darum konkurrieren, wer aus bestimmten Samen die größten Pflanzen zu ziehen vermag. Bei anderen Spielen geht es nicht so sehr um den harten Wettstreit, sie kommen auch ohne Schiedsrichter aus, beispielsweise wenn die Aufgabe lautet, eine Skulptur aus jenen Dingen zu arrangieren, die der Mitspieler auf der Straße findet. Oder wenn er aufgefordert wird, eine kleine Topfpflanze zu kaufen und sie an einem Ort zurückzulassen, der es dringend nötig hat. Oder wenn die Aufgabe verlangt, sich an einer Straßenecke zu postieren und so lange zu warten, bis etwas Fantastisches passiert. Es ist eine Form der urbanen Kollaboration: Jeder soll mitspielen, jeder soll sich spielend neue Aufgaben ausdenken und so das Spiel erweitern.

Verlockend sind solche Formen der urbanen Auseinandersetzung unter anderem deshalb, weil ähnliche Spiele auf dem Computer sehr verbreitet und beliebt sind: Die Stadt kann dort eine Kampfzone sein oder eine ewige Baustelle, mal schlüpft der Spieler in die Rolle eines Autodiebs (Grand Theft Auto oder Carbon Auto Theft), dann ist er als gottgleicher Stadtherrscher (Caesar) oder als politisch denkender Stadtplaner (SimCity) tätig. Gerade in vielen der Strategiespiele, die sich millionenfach verkaufen, müssen langfristige Entwicklungen begleitet und mitgeprägt werden. Verlangt wird ein abwägendes, komplexes Denken über Tage, Monate, sogar Jahre hinweg. Wer sich darauf einlässt, wandelt seinen Blick: Im alltäglichen Leben mag er nur als Stadtverbraucher auftreten, der sich machtlos wähnt, weil er nicht weiß, warum sich sein urbanes Umfeld verändert, ob zum Guten oder Schlechten. Im Computerspiel hingegen öffnet sich ihm die ungeheure Vielgestaltigkeit urbaner Prozesse und er beginnt zu ahnen, wie schwierig es mitunter sein kann, alles im Auge zu behalten und die Wechselwirkungen zwischen Energieversorgung, Bildung, Verkehr, Gewaltverbrechen und dem Wohlergehen der Menschen richtig einzuschätzen.

Sicherlich ist die Wirklichkeit weit vielschichtiger und weniger mechanisch und berechenbar, als es viele dieser Spiele suggerieren. Doch immerhin regen sie dazu an, die Stadt einmal nicht aus der Perspektive des Passanten, Bewohners oder Touristen zu betrachten, sondern als jemand, der Ursachen und Folgen reflektieren muss. Das Spielen, so könnte man meinen, wird zur Übung im Gemeinwohldenken. Allerdings sind Rückwirkungen der digitalen Stadtwelt auf die urbane Wirklichkeit kaum zu belegen. Vielleicht wird das allgemeine Interesse an der Stadt weiter bestärkt, möglicherweise blicken manche nun mit größerer Neugier auf die eigene Nachbarschaft. So abstrakt und austauschbar aber viele der computeranimierten Fassaden und Räume oft erscheinen, so abstrakt könnte auch das Verhältnis der meisten Spieler zu ihrer eigenen Stadt bleiben.

In den meisten Urban Games, die den Einzelnen von seiner

Konsole reißen und in ein geteiltes Unterfangen hineinziehen, spielen die tatsächlichen Probleme und Konflikte einer Kommune nur selten eine Rolle. Ihnen dient die Stadt zuvorderst als Bühne. Sie praktizieren Weltflucht inmitten der Welt, sie blenden die Wirklichkeit aus, sonst wäre das Spiel kein Spiel. Am Ende, so könnte der Vorwurf lauten, betreiben sie nur jene Art des Spektakels, erzeugen nur jenes Eventgetöse, von dem viele Stadtvermarkter träumen: selbstproduzierte Festivalisierung, bestens geeignet, den Standort attraktiver zu machen. Der Homo ludens spielt dem Homo oeconomicus in die Hände.

Allerdings erheben nur wenige der Urban Games den ausdrücklichen Anspruch, auf subversive Weise die gesellschaftlichen Verhältnisse kritisch hinterfragen oder gar verändern zu wollen. Es gibt zwar Ausnahmen, mancherorts werden geradezu sozialtherapeutische Spiele für das urbane Kollektiv abgehalten, etwa Gentrification: The Game!, das von den Teilnehmern verlangt, in wechselnden Rollen die bekannten Konflikte von Aufwertung und Verdrängung nachzuspielen, mithin die Position des »Täters« ebenso einzunehmen wie die des »Opfers«. Doch für die meisten dieser Spiele gilt: Positive Neben- und Nachwirkungen werden nicht ausgeschlossen, sie verfolgen aber keine volkspädagogische Absicht. Und so reflektieren wohl nur die wenigsten Spieler das Bild der Stadt, das spielend entworfen wird.

Für sie besteht der Reiz vor allem im Verwischen klarer Gegensätze und in der Abwandlung klar bestimmter Funktionen. In dem Spiel Shoot Me if You Can benutzt der Teilnehmer sein Mobiltelefon nicht, um sich wie üblich mit anderen zu verbinden, sondern um diese mit der integrierten Kamera abzuschießen: Wer fotografiert wird, verliert sein Leben, während im Alltagsleben das Fotografieren eher ein Ausdruck von Lebendigkeit ist. Man lichtet ab, was einem wichtig erscheint, nicht, was man vernichten will.

Ähnlich verhält es sich mit Spielen wie I'd Hide You, in denen der Teilnehmer nicht nur beobachtendes Subjekt, sondern via technischer Übermittlung auch beobachtetes Objekt ist. Die Autonomie, die ihm die Technik verschafft, erweist sich zugleich als Fremdbestimmung oder sogar als Bedrohung. Alles sehen zu können heißt hier auch, von allen gesehen zu werden. Und die vermeintliche Grenze zwischen digitaler und nichtdigitaler Welt wird durchlässig.

Beides, die Umwidmung vertrauter Gegenstände und die Überschreitung angeblicher Gegensätze, erinnern in mancherlei Hinsicht an die einflussreiche Bewegung der Situationistischen Internationale in den sechziger Jahren. Viele der beteiligten Künstler und Philosophen begeisterten sich für technische Innovationen, mochten an einen Begriff wie Authentizität nicht mehr glauben und redeten der Spontaneität das Wort. Vor allem interessierten sie sich für Psychogeographie, also dafür, wie sich urbaner Raum und Architektur auf das Verhalten der Menschen auswirken – und auf welchen Wegen sich diese Prägung auflösen oder neu justieren ließe. Sie suchten die Veränderung im Absurden, etwa indem sie dazu aufforderten, eine Stadt wie Paris mit dem Stadtplan von London zu durchwandern. Und sie waren davon überzeugt, dass sich im freien gemeinschaftlichen Spiel die symbolischen Fesseln des Unvermeidlichen aufzulösen vermögen. Die eigenen Sinne zu erproben, sich auf das Unvertraute einzulassen, für den Augenblick ein anderer zu sein und ein urbanes Mit- und Gegeneinander zu leben – all das könne, so ihre nicht zuletzt in Anknüpfung an die Spieltheorien des niederländischen Kulturhistorikers Johan

Huizingas entwickelte Idee, die Stadt neu konstituieren. Man muss diese Hoffnung nicht teilen und sollte sich hüten, die Urban Games der Gegenwart im Lichte der Situationisten als eine Form von Rebellion zu begreifen. Dafür sind die städtischen Spiele zu verregelt und zu pragmatisch in ihrem Anliegen. Sie wollen die Welt nicht revolutionieren, sie suchen nur einen neuen, eben spielerischen Zugang zum Öffentlichen, und eher unbeabsichtigt erschließen sie so die Stadt als kollektiven Erfahrungsraum. Nicht subversiven Zielen folgen die Urban Games, auch keinen vordergründig sozialen Zielen; sie sind ziellos verspielt. Und finden doch zusammen zu einer urbanen Gemeinschaftlichkeit auf Zeit. Sich auf die Straße zu begeben, unbekannte Menschen und Stadtquartiere kennenzulernen und sich einem Vergnügen hinzugeben, das nichts zu tun hat mit Konsum, sondern mit Kommunikation, das alles steht nicht in den Spielregeln und folgt keinem politischen Programm. Eine stille, die Stadt verwandelnde Kraft kann dennoch davon ausgehen. Der öffentliche Raum wird bereichert, durch eine kollektive Erfahrung.

Wenn sich die Bürger gemeinsam an einen Tisch setzten

Wie wichtig vielen Menschen diese Erfahrung in ihrer urbanen Ausprägung geworden ist, zeigt sich auf mannigfache Weise und keineswegs nur im Sport oder im Spiel, sondern ebenso in einer genussfrohen Form der Geselligkeit. Der Einzelne baut sich seinen Grill, um auf qualmend archaische Weise ein Essen unter freiem Himmel zu bereiten; viele Parks und Gärten leiden unter dieser Begeisterung für das Kokeln und Rösten, zumal manch Geburtstagsparty nun auf diese Weise, als ausgedehntes, müllintensives Picknick im öffentlichen Raum, bestritten wird. Das Essen in der Stadt kennt aber auch urbanere und gemeinschaftsbewusstere Erscheinungsformen, seitdem vermehrt Tische und Tafeln im öffentlichen Raum auftauchen. Ehrenamtlich organisiert, wird zum Beispiel in Paris, Hamburg oder Berlin einmal im Jahr das Dîner en blanc, das Weiße Dinner, abgehalten, mal auf einer langen Straße, mal auf einer Stadtwiese. Alle bringen Speisen, Teller, Tische mit, einzige Bedingung: alles soll in Weiß gehalten sein. Wiederum erweist sich diese Form von Uniformierung, von stiller Verabredung, als ungemein verlockend: Man teilt das Essen, den Look, den Stadtraum.

Ähnlich erfreut sich in Irland ein Festgelage namens Street Feast gewaltigen Zuspruchs, einmal im Jahr, immer im Juni, kommen dort die Menschen in vielen Städten zusammen, um gemeinsam zu speisen: auf den Straßen, in den Parks oder Vorgärten. 2010 wurde das erste Street Feast abgehalten, unterdessen begreifen es viele Irländer bereits als Tradition, sich mit Freunden, Nachbarn und mit Unbekannten unter freiem Himmel an eine Tafel zu setzen. Und sie tun es, nicht weil die Nation gefeiert oder einer Schlacht gedacht werden müsste, sondern weil es sie – angeregt vom Internet – hinauslockt in die Stadt und sie diese als einen Ort der kollektiven Selbstbestimmtheit erfahren wollen. Es gibt Straßencafés und Biergärten sonder Zahl, doch das Selberkochen sowie das anschließende gemeinsame Essen und Feiern scheint damit nicht vergleichbar zu sein, sonst fände das Street Feast keinen so großen Anklang. Es ist kein aufwendiges Fest, es bedarf keiner großen Organisation, nach zwei, drei Stunden ist alles vertilgt und wieder abgeräumt – und doch bleibt bei vielen der dringende Wunsch, das gemeinsame Mittagessen im kommenden Jahr zu wiederholen. Es ist daraus ein verbindendes Ritual einer sich selbst organisierenden Bürgerschaft geworden.

Gerade das Essen bietet sich für solche Rituale der urbanen Art besonders an, wie auch der sogenannte Restaurant Day zeigt, der 2011 erstmals in Helsinki ausgerufen wurde und seither viele Nachahmer in anderen Städten findet. Ein jeder darf an diesem Tag ein Restaurant eröffnen, kann sein Daheim also in einen öffentlichen Ort verwandeln oder im Park oder am Strand seine Speisen servieren. Hingegen verfolgte die Stadtküche in Berlin ein fast schon sozialpolitisches Anliegen, sie zog erstmals 2009 durch die Straßen, ein Fahrrad mit Gasherd und ausziehbarem Tisch auf dem Anhänger. Aufgebaut wurde die Küche im urbanen Nirgendwo, in verödeten Straßen, auf unwirtlichen Grünstreifen oder Kreuzungen, und lud die Anwohner nicht nur zum Essen, sondern zum Mitkochen ein. Sie sollten ihre Lieblingsrezepte und Zutaten mitbringen. Die Küche wurde zum sozialen Inkubator.

In Wien lässt sich das Phänomen des Einstundenrestaurants beobachten, bei dem ein Koch mit einem Klapptisch, zwei Stühlen und einem präparierten Menü im Gepäck auf die Straße zieht und auf einem Bürgersteig oder einer Brücke sein Mahl darbietet. Auch eine Guerilla Bakery gibt es dort, eine nur temporär, an wechselnden Orten arbeitende und allein per Internet auffindbare Bäckerei, in der einige Frauen ihre selbst hergestellten Küchlein und Torten anbieten. So wie die deutsche Kitchen Guerilla sich losmacht von schwerem technischen Gerät und ihre Gäste zum Beispiel in einem Straßenbahnwaggon bewirtet – und damit den öffentlichen Raum für die Dauer eines Menüs mit ungewöhnlichen Gerüchen und Geräuschen füllt. Der Gast wähnt sich, anders als in einem herkömmlichen Restaurant, als Teil einer kollektiven Essensgemeinschaft, denn man teilt etwas Besonderes: den urbanen Ort, der eine temporäre Neubestimmung findet, und den Augenblick, der so wie die servierten Speisen schon am nächsten Abend vergangen sein wird.

V. Stadt und Gegenwart
Auf der Suche nach einem anderen Leben

Ohne Bewegung und Wandel wäre eine Großstadt keine. Sie lebt vom Zweifel, vom Experiment, von der Freude am Aufbruch, und wer sich dagegen sträubt, wer alles so lassen möchte, wie es vermeintlich schon immer war, der scheint für eine Verdörflichung der Stadt zu plädieren. Gleichwohl gehörte die Sehnsucht nach dem Vertrauten und Alten ebenso wie das Pathos des Neuen seit je zur Moderne dazu, beides steht in einer dialektischen Beziehung. Denn das Bedürfnis vieler Menschen, am Bewährten festzuhalten, entspringt oftmals dem Gefühl, dass sich das Leben stark beschleunige und jeder Halt abhanden komme. Auch in der Digitalmoderne ist das Unbehagen an der Akzeleration durchaus prägend, vielleicht sogar stärker als je zuvor. Manche wollen nun zumindest die verlorene Gestalt der Stadt zurückgewinnen, sie berufen sich auf profunde Traditionen, auf eine Architektur, die über Jahrhunderte entwickelt und deshalb für die Gegenwart zur bindenden Konvention gemacht werden sollte. Einige arbeiten an der Rekonstruktion längst zerstörter Bauten, denn diese Form der Rückversicherung halten sie noch für möglich: eine hausgewordene Feste, die ganz auf die Macht der vertrauten Form baut. Mag sich das Leben auch globalisiert, digitalisiert, atomisiert haben, in dieser Architektur findet der Wandel keinen Ausdruck, sie gibt sich überzeitlich.

Doch erweist sich diese Art des ästhetischen Widerstands eher als Ausnahme. Zwar dürften sehr viele Menschen das Verlangen nach einem althergebrachten Formenkanon teilen, der architektonische Geschmack ist in der Regel konservativ. Das bedeutet aber im Umkehrschluss nicht, dass sich das öffentliche Leben nur dort besonders günstig entfaltet, wo strikte Gestaltungssatzungen gelten und die Architekten auf einen Neoklassizismus verpflichtet werden. Die Neubelebung der Stadt, so zeigt sich, hat ihren tieferen Grund so gut wie nie in der Baukunst. Denn selbst dort, wo die Menschen für eine möglichst traditionsreiche Bauweise votieren, wo sie Altbauquartiere den Neubauvierteln vorziehen, wo sie sich also in ästhetischer Hinsicht gegen den Wandel entscheiden, wünschen sich die meisten zugleich ein abwechslungsreiches, auf Veränderung angelegtes, also urbanes Leben.

Die Stadt wird als ein Ort der Selbstmobilisierung begriffen, der dem Einzelnen ungewohnte Erfahrungen des eigenen Ichs erschließt. Sie wird als Ort der Begegnungen geschätzt, an dem sich temporäre Gemeinschaften zu immer neuen Bündnissen zusammenfinden. Und beides deutet darauf hin, dass Fragen der Identität – sowohl im individuellen wie im kollektiven Sinne – in den öffentlichen Raum hineingetragen werden: nicht um sie hier abschließend zu klären, um sich in fixierten Mustern einzurichten, sondern um sie zu erproben. Gerade das Wechselvolle, Multioptionale, Changierende der Stadt, ihr hybrider, grenzenkreuzender, dynamisierender Charakter macht sie für die Digitalmoderne attraktiv: Sie erkennt sich darin wieder. Mag vielen die Beschleunigung unheimlich sein, suchen sie doch die Bewegung. Mögen sie sich nach festem Halt sehnen, sie leben gleichwohl ein mobilisiertes, nonlineares Leben – und suchen den Weg in den öffentlichen Raum. Auch, um diesen zu verwandeln.

Es ist ja nicht so, dass die Menschen hier nur ihre wachsenden sportlichen, künstlerischen, narrativen Bedürfnisse auslebten und die Stadt lediglich als Ort für unverbindliche Formen der gärtnernden oder spielenden Gemeinschaft betrachteten. Es gibt daneben ein deutliches Verlangen nach Veränderung, die auf die Stadt zurückwirkt: nach politischem und sozialem Wandel. Die Neubelebung des urbanen Raums bedeutet, dass auch der Wille zur Einmischung wächst. Nicht wenige Bürger hegen den Anspruch auf Mitsprache und Teilhabe, sie verstehen den öffentlichen Raum nicht als etwas Gegebenes, sondern als etwas von vielen Gewolltes und von vielen Gestaltetes – und möchten sich handelnd mitverantwortlich zeigen.

Manche fühlen sich dabei von den großen Bürgerrechtsbewegungen inspiriert, gar von den städtischen Protesten der letzten Jahre, ob in Kairo, London oder Madrid. Und selbst, wenn sie nicht auf Umsturz oder Revolution aus sind, so ist es doch derselbe Raum, nämlich der öffentliche, und es sind dieselben Kommunikationsmittel wie Facebook oder Twitter, die auch für weit kleinere Veränderungen auf lokaler Ebene bestimmend werden können. Auf den Philippinen fanden schon 2001 einige hunderttausend Bürger mittels Internet und SMS zusammen, um ihren Präsidenten zu verjagen. Spätestens da war die Adhocracy geboren, eine Art symbiotischer Intelligenz, die den Funken des Aufstands viel schneller überspringen lässt, als es ohne digitale Technik möglich wäre.

Erst sie erlaubt es den Individuen, quick zum Schwarm zusammenzufinden, ohne dass es irgendeiner vermittelnden Instanz bedürfte. Aus dem einstigen Zuschauer und Zuhörer, der auf die Massenmedien angewiesen war, um sich ein Bild von gesamtgesellschaftlichen Ereignissen zu machen, wird dank der digitalen Mitteilungsdienste ein sendender

Empfänger und empfangender Sender. Oder anders gesagt: jeder hat eine Stimme. Damit ist, zumindest potentiell, eine Form des gemeinschaftlichen Austauschs möglich, der seit der Antike klassischerweise mit dem öffentlichen Raum als Urort der Vielherrschaft assoziiert wird. Ob und wieweit das Konzept einer Liquid Democracy, einer fluiden, direkten Form der Mitbestimmung trägt, ist im Moment für viele vielleicht noch eine theoretische Frage. Ganz praktisch aber hat das Mitreden, Mitplanen, Mitbauen bereits begonnen, häufig informell und mit großer Selbstverständlichkeit: in der Stadt.

Urbane Intervention als Freizeitbeschäftigung

Im Internet verbreiten sich die Ideen und Anregungen; hier verabreden sich die urbanen Aktivisten, um dann, für sich und für alle, den öffentlichen Raum einzunehmen und mit neuer Bedeutung zu versehen. Eine ganze Reihe kleiner Initiativen will nicht länger warten, bis sich die zahlreichen zuständigen Ämter zu einem Plan entschlossen, alle Belange untereinander abgestimmt, die Finanzierung geklärt und irgendwann vielleicht einen Auftrag erteilt haben. Ungefragt und unerlaubt bauen diese Initiativen auf die Macht der einfachen Tat, so wie zwei Bürger in Oak Cliff, einem Viertel von Dallas mit etlichen heruntergekommenen Gebäuden und leer stehenden Ladengeschäften. Aus einer Laune heraus begannen sie sich ihre Stadt im Konjunktiv auszumalen: Wie sähe sie wohl aus mit Straßencafés und Blumenläden, mit breiten Bürgersteigen und Fahrradwegen? Wie Paris sollte ihr Dallas werden – unvorstellbar, besonders mitten in den USA: Menschen, die aus ihren Autos steigen, die zu

Fuß gehen und mit ihren Kindern die Straßen bevölkern. Doch mit dieser unmöglichen Idee war ein Anfang gemacht: Ein anderes Narrativ war in der Welt. Und eine Gruppe von zehn Freiwilligen ließ sich dafür begeistern. Gemeinsam begannen sie mit ihrer Straßeneroberung, zweigten zwei Fahrbahnen mit Blumenkästen ab, um dort Bänke und Tische aufzubauen, überspannten die Straße mit bunten Weihnachtsketten und trieben weitere hilfsbereite Mitstreiter auf, die in den Läden ein paar Waren anboten oder eine Galerie eröffneten. Alles in allem investierten sie weniger als 1000 Dollar für ihre Building-Better-Blocks-Initiative.

Zuvor hatten sie sich von einem Ratsmitglied eine halboffizielle Erlaubnis eingeholt, da manche ihrer stadtbelebenden Ideen, etwa Geschäfte mit Obst- und Gemüseauslagen auf dem Bürgersteig oder Markisen, oft verboten oder mit hohen Genehmigungsgebühren verbunden waren. Kurzerhand druckten sie nun jene kommunalen Vorschriften, die sie willentlich brachen, auf kleine Zettel und hängten sie gleich neben den Blumenkästen und Obstständen auf. An einem Wochenende im Frühjahr 2010 luden sie dann ein, und es kamen mehrere hundert Menschen, die ihre Autos stehen ließen und ihre Stadt tatsächlich zu Fuß erkundeten, in einer der Bars einkehrten, der Straßenmusik zuhörten, ihre Kinder zum Bildermalen in einer ehemaligen Autowerkstatt abgaben und am Ende darüber staunten, wie einfach es sein kann, den öffentlichen Raum zum Leben zu erwecken. Mit viel Enthusiasmus war es den Aktivisten gelungen, innerhalb von nur 24 Stunden ihrem Viertel einen Anstoß zu geben, eine urbane Defibrillation, wie sie es nannten. Am Montag nach dem Wochenende war dann alles wieder vorüber. Geblieben aber war die Idee: mit kleinen, schnellen Eingriffen etwas zu bewirken – und die Stadt

nicht als die Sache der anderen, sondern auch als eigene An-
gelegenheit, als eigenen Handlungsraum zu begreifen.

Die urbane Intervention, die sich in der Regel eher als eine
Form von Akupunktur versteht, die mit wenigen Stichen
die städtische Energie im Körper der Stadt wieder fließen
lässt, dieser Eingriff wird gerade in Europa auch von professionellen Planern und Architekten als ein Mittel der Veränderung eingesetzt. In Dallas aber waren keine Profis am
Werk, hier waren es Bürger, die sich selbst ermächtigten.
Und womöglich deshalb waren die Nachwirkungen ihrer
Aktion erstaunlich groß. Angeregt von Street-Art-Künst-
lern, wie sie erzählten, hatten sie die Macht des Augenblicks
gesucht und die Straßen ihres Quartiers wie in einer Groß-
performance verwandelt: damit sich die Bilder dessen ein-
prägen, was denkbar, machbar, lebbar wäre. Erstens führte
dies dazu, dass städtische Behörden dem Viertel stärker als
zuvor ihre Aufmerksamkeit widmeten und es mehr unter-
stützten; sie konnten auf den bürgerschaftlichen Rückhalt
zählen. Zweitens begannen kleine Firmen und Geschäfte
sich für die leer stehenden Flächen zu interessieren, so dass
etliche der Läden (zumindest vorübergehend) neue Betreiber fanden. Und drittens begann das Beispiel der Building-
Better-Blocks-Initiative viele Nachahmer zu finden: Im
Hallraum des Internets verbreiteten sich die schlichten Ide-
en binnen weniger Monate. Insbesondere der Enthusiasmus
und die Courage, jetzt und sofort mit dem Handeln für die
und in der Stadt zu beginnen, wirkten ansteckend.

Innerhalb von nur zwei Jahren fanden sich daraufhin mehrere dutzend Initiativen zusammen, die zunächst in den
USA, dann in anderen Staaten, mit ihrer urbanen Kurzzei-
terquickung begannen. Für die beiden Aktivisten des Anfangs, Andrew Howard und Jason Roberts, ist daraus un-

terdessen eine eigene Geschäftsidee erwachsen: Sie beraten Kommunen und Bürger und begleiten urbane Erneuerungsprozesse. Zudem betreiben sie eine Webseite (betterblock. org), auf der sie ihre Erfahrungen in Dallas und vielen anderen Städten weiterverbreiten und mit einfachen Vorschlägen den Mut zum Möglichen bestärken wollen. Man könnte es eine Wette auf den Gemeinsinn nennen.

Denn bei allem Tatendrang geht es vielen der Aktivisten nicht allein um eine Um- und Aufwertung, die sich materiell auszahlt, sondern um ein soziales Vermögen, um Quartiere, die den Einzelnen herausziehen aus seinem Eigennutzdenken und nach europäischen Vorbildern von Urbanität auch deshalb streben, weil damit eine vitalisierende, beziehungsstiftende Stadtkultur assoziiert wird. So raten die entsprechenden Internetseiten stets, nicht auf eigene Faust, sondern nur in Bündnissen mit anderen eine urbane Umwidmung anzugehen: sich also die Verantwortung zu teilen. Man solle sich zudem nicht übermäßig auf abstrakte Diskussionen einlassen, also die vorbereitenden Treffen nicht allein im Internet oder in privaten Räumen abhalten, sondern die Stadt selber, den Ort der Verwandlung, in den Blick nehmen. Der unmittelbare Kontakt miteinander und mit dem Ort der Öffentlichkeit, auf den sich das geteilte Interesse richtet, sollte im Vordergrund stehen. Unmittelbarkeit wird auch hier zum Eigenwert in einer Gesellschaft, die zugleich auf Mittelbarkeit, eine Medialisierung aller Lebensbereiche, setzt.

Und abermals verstärkt das eine das andere: Je mehr Menschen den öffentlichen Raum mit Vorschlägen und Aktionen bereichern, desto zahlreicher werden die Foren im Internet, die darüber berichten und zu weiteren Ideen anregen, was wiederum die Stadt als Allgemeingut noch stärker ins öffentliche Bewusstsein rückt. Häufig handelt es sich um einfache Ideen, die umstandslos zu realisieren sind: im Park nebenan neue Tischtennisplatten zu installieren, an der nächsten Kreuzung eine kleine Tauschbücherei einzurichten (etwa in einer ausgedienten Telefonzelle), auf öffentlichem Grund mehr Obstbäume zu pflanzen, an den Bushaltestellen neue Bänke zu platzieren oder mehr Fahrradständer aufzustellen. Manche dieser Vorschläge werden in Nacht-und-Nebel-Aktionen realisiert, etwa indem die Aktivisten ungefragt Fahrradspuren und entsprechende Verkehrszeichen auf viel befahrene Straßen malen – in der Hoffnung, dass diese entweder bleiben oder den Verantwortlichen der Kommune vor Augen führen, wie dringend angebracht es wäre, den Radfahrern mehr Vorfahrtsrechte einzuräumen. Andernorts sind es Mitmach-Aktionen, die weniger anarchisch als surreal erscheinen. Man kann darin eine Art von zivilem Ungehorsam erblicken, nicht selten von Humor getragen und angetrieben von einer erstaunlichen Freude am kreativen Umgang mit dem öffentlichen Raum.

Diese Aktionen finden oft rasch viele Anhänger, so zum Beispiel der sogenannte PARK(ing) Day, der alljährlich in mittlerweile einigen hundert Städten überall auf der Welt abgehalten wird. Geprägt wurde die Initiative 2005 in San Francisco von den Mitgliedern des Designbüros Rebar, das sich daran störte, wie viel öffentlicher Raum von Autos okkupiert wird. Sie besetzten deshalb eine Parkbucht mitten in der Innenstadt, aber stellten dort nicht etwa ihren Wagen ab, sondern nutzten die freie Fläche, um einen temporären Park einzurichten, mit Rollrasen, Gartenbank und Bäumchen im Kübel. Selbstverständlich fütterten sie die Parkuhr während der Aktion mit Münzen. Die Botschaft war ebenso klar wie heiter: Vor aller Augen wurde sichtbar, was es bedeutet, ein Stückchen städtischen Grund kurzzeitig zu pachten, nur um dort zu parken, obwohl doch so viele andere, für das Leben in der Stadt weit wertvollere Dinge auf diesen Flächen möglich wären.

Wenngleich es immer nur Einzelne sind, die hier eine Parkbucht vorübergehend umkodieren, gedeiht in diesen Kleingärten doch ein Kollektivgefühl, gerade weil die Ursprungsidee weitergetragen wird; die Initiatoren sprechen von einem Open-Source-Projekt. Jeder darf sich daran bedienen, darf es fortspinnen und wiederum andere dafür begeistern. Denn gerade das macht den Reiz aus: dass auf dem Standardmaß einer Pkw-Parkfläche Aberhunderte Varianten eines Miniparks entstehen können, mal ausgestattet mit kleinen Hügeln, mal mit Strohballen oder Kickertisch. Viele Teilnehmer stellen ihre Fotos bei dem Bilderportal Flickr ein, vergleichen ihre Ideen mit denen anderer und fühlen sich mit ihnen verbunden: in ihrem Verlangen, jedenfalls für einen Tag die eigene Stadt ein wenig einladender und damit öffentlicher zu machen. Hinzu kommt, dass manche die ursprüngliche Idee vom eigenen Kleinstpark abgewandelt haben und auf dem per Parkuhr gemieteten Geviert anderen Bedürfnissen nach Veränderung eine Bühne bereiten, wenn etwa eine Tanzfläche oder ein kleiner Swimmingpool aufgebaut wird oder ein Zelt zum urbanen Mittagsschlaf einlädt. Manche der Teilnehmer machen auch auf soziale Probleme

aufmerksam, indem sie eine kostenlose medizinische Unter-
suchung anbieten. Andere verbinden ihre Aktion mit einem
Plädoyer für alternative Formen der Mobilität und reparie-
ren kostenlos alte Fahrräder.

Tatsächlich zeitigen die Aktionen in einigen Städten mehr als
nur einen symbolischen Mehrwert. So legte San Francisco
2009 unter dem Titel Pavement to Parks ein Programm auf,
dass die Vorrangstellung des Autos zumindest in manchen
Bereichen der Stadt relativieren soll: Neben einigen kleinen
Stadtteilparks, die auf weniger befahrenen Straßen angelegt
wurden, kam die Idee der sogenannten Parklets auf, kleiner
Grünanlagen mit Sitzgelegenheit, die entlang der Bürgersteige mehrere Parkbuchten einnehmen und den Anrainern
unter anderem die Möglichkeit eröffnen, dort Tische und
Stühle etwa für ein Café aufzustellen. Dabei überträgt die
Kommune die Verantwortung jeweils an einige Bürger oder
an Gruppen, die sich darum bewerben können, ein solches
Parklet zu gestalten, als eine semipermanente Erweiterung
des öffentlichen Fußgängerraums. Die Erlaubnis für die bereits mehr als 75 Parklets muss jedes Jahr erneuert werden,
die Kosten tragen die Bürger.

Eine ähnliche Entwicklung zeigt sich in New York, wo die
Stadt während des Sommers entsprechende Lizenzen für
Mikroparks entlang der Straßen vergibt. Und wo ausge-
hend von der PARK(ing)-Day-Initiative viele weitere Vorschläge erarbeitet wurden, wie sich ohne großen Aufwand
die existierenden Räume zugunsten der Bürger, die sie für
ihre Zwecke einnehmen möchten, umgestalten oder ergänzen lassen. So entstanden die Softwalks, die es sich zunutze
machen, dass in New York viele Gebäude eingerüstet werden und dabei der Bürgersteig überdacht wird. Die Designer Bland Hoke und Howard Chambers verbreiteten eine

Anleitung, wie sich dieser temporär verstellte in einen temporär begünstigten Raum verwandeln ließe: An die Gerüste werden dafür einfache Sitze und Blumenampeln gehängt, hinzu kommen kleine Thekenbretter zum Aufschrauben, die dann von den Passanten genutzt werden können, um darauf ihre Kaffeebecher abzustellen.

Die Begeisterung für das urbane Pop-up-Prinzip

Das Internet ermutigt solche Arten der Stadtbelebung nicht zuletzt deshalb, weil jeder, der über weitere Veränderungen im öffentlichen Raum nachdenkt, weit mehr in den Blick nimmt als nur den eigenen Ort. Nie zuvor war es möglich, dass sich aus einem kleinen Eingriff am Straßenrand binnen weniger Jahre eine Bewegung entwickelt, die überall im eigenen Land und bald schon in vielen Teilen der Welt nachgeahmt wird und das Gesicht der Städte ein wenig verändert. Eine doppelte Form von Plötzlichkeit prägt so die Stadt der Digitalmoderne: Es sind Aktionen, die ohne große Vorbereitung ad hoc in Erscheinung treten. Und die gerade deshalb ad hoc eine große Verbreitung finden. Der Erfolg verdankt sich dem Pop-up-Prinzip.

Man mag das als eine Variante des digitalen Alles-überall-jederzeit-Denkens verstehen. Inzwischen gibt es Pop-up-Restaurants, Pop-up-Gärten, Pop-up-Straßenmobiliar, Pop-up-Märkte, und alle verschwinden sie in der Regel so schnell wie sie aufploppten. In Computerprogrammen versteht man unter einem Pop-up ein visuelles Element, das aufspringt und dabei andere Bildschirmelemente überlagert. Für den Realraum der Städte bedeutet diese Metapher: Allerorten kann sich etwas öffnen, kann mehr dahinter-

stecken, winken weitere Optionen. Man muss sie nur berühren, schon springen diese Möglichkeiten auf und werden sichtbar. Im Unsichtbaren wartet das Unvermutete, es
braucht nur jemanden, der es ans Licht holt.

So haben sich in Analogie zum PARK(ing) Day mittlerweile
zahlreiche andere Aktionstage entwickelt, die, verstärkt von
sozialen Medien, den öffentlichen Raum resozialisieren und
damit verändern wollen. Etwa das Porchfest, das in etlichen
amerikanischen Städten dazu einlädt, an einem Abend im
Jahr die eigene Veranda zu einer Bühne für Musik und The-
ater zu machen. Bürger spielen dann für Bürger und ganze
Quartiere verwandeln sich in ein selbstorganisiertes Musik-
festival. Oder der Dachterrassen Day, an dem sich in Wien
ebenfalls private und halbprivate Räume für die Öffentlichkeit aufschließen, und wer immer möchte, kann die eigene
Stadt aus neuer, erhabener Perspektive erblicken. Oder der
Tag der offenen Gärten, der in vielen Ländern Zehntausen-
de Begeisterte anlockt, weil plötzlich offen steht, was sonst
hinter der Pforte verborgen bleibt. In zahlreichen Städten
von Montreal über Madrid bis Mumbai hat sich mittlerweile auch der Jane's Walk etabliert, der an die Autorin und
Stadtaktivistin Jane Jacobs (1916 bis 2006) erinnert und an
dem jeder, der sich berufen fühlt, eine Führung durch das
eigene Quartier abhalten kann, unter soziologischen, architektonischen oder persönlichen Gesichtspunkten.

Dass viele dieser urbanen Unternehmungen in den USA ihren Anfang nehmen, liegt zum einen daran, dass sich hier
der Computer sehr früh zum selbstverständlichen Kommunikationsmittel entwickelt hat; zum anderen ist vielen Ame-
rikanern das Zögern eher fremd. Von der guten Idee zur guten Tat ist es meist nicht weit, und die Vorstellung, dass man
sich sein Land nehmen müsse, dass es auf den Einzelnen

ankomme und dass ohnehin die Möglichkeiten unbegrenzt seien, gehört seit je zum Selbstbild vieler Menschen. Der verbreitete Appell »Reclaim the streets!« oder auch »Reclaim the city!« erscheint daher keineswegs abwegig oder nur als ein Werbeslogan. Der Begriff reclaim ist dabei auf interessante Weise mehrdeutig: Meint er doch nicht nur, die Stadt zurückzufordern, sondern kann auch bedeuten, sie kulturfähig zu machen, sie zu regenerieren oder sich auf sie zu besinnen. Auf die Straßen hinauszugehen, die öffentlichen Räume umzuwidmen, sie in gestalterischer und sozialer Hinsicht zu verändern heißt so gesehen nichts anderes, als die Stadt wieder zur Stadt zu machen.

Wie die Stadt vom Commons-Gedanken profitiert

Doch auch außerhalb der USA finden kollektive Formen der urbanen Teilhabe große Resonanz. In vielen Ländern trifft das Ideal des gesellschaftlichen Teilens und Kooperierens auf große Sympathien, und die Vorstellung von den Commons, einem gemeinsamem Besitzrecht, findet mehr und mehr Anhänger. Einen ganz wesentlichen Anteil hat auch daran sicherlich das Internet, in dem viel verwendete Begriffe wie Bottom-up, Open Source, Open Design, Open Data, Crowdsourcing oder Cocreation von einem gesteigerten Interesse an kollektiven Denk- und Entwicklungsprozessen zeugen. Zwar reicht die Geschichte der Gemeinwirtschaft weit zurück, und die Genossenschaftsbewegung erstarkte bereits, als auch die Industrialisierung groß wurde und angestammte Lebens- und Arbeitsformen neu prägte. Aber wohl nicht zufällig gewinnt der Gedanke geteilten Eigentums im Zeichen der Postindustrialisierung erneut an

Attraktivität, wieder wandeln sich Leben und Arbeit, von einer Collaborative Economy ist die Rede. Und die Stadt profitiert von der Begeisterung für den Commons-Gedanken. Sie ist ihrem Wesen nach nur dann ein urbaner Ort, wenn sie nicht einem und nicht wenigen, sondern sehr vielen und am besten allen gehört. Sie ist mithin eines der größten vorstellbaren Commons-Projekte.

Zudem leben allein in den Städten genügend Menschen auf dichtem Raum zusammen, um bestimmte Formen des Teilens überhaupt zu ermöglichen. Hier florieren die Baugruppen und Baugemeinschaften, die dem Traum vom Einzelhaus die Alternative des Kollektivhauses entgegensetzen, hier rentiert sich ein Laden, der wie eine Leihbibliothek funktioniert, mit dem einzigen Unterschied, dass Werkzeuge und keine Bücher erhältlich sind. Ähnliches gilt für ein Geschäft, das nach demselben Prinzip teure und weniger teure Kleider verleiht, damit nicht jeder daheim riesige Schränke voll selten oder gar nicht getragener Hosen und Hemden vorzuhalten braucht. Das stark expandierende Geschäft mit dem Carsharing, in das mittlerweile große Autokonzerne eingestiegen sind, lohnt sich nur in Ballungsräumen; Gleiches gilt für Leihfahrräder, die vielerorts bereits fest zum Straßenbild gehören und die es ohne digitale Ortungstechnik nicht gäbe, weil sie über das Internet angesteuert werden und ihre Nutzung online bezahlt wird. Auch die vielen Tauschbörsen für selbst gezogenes Gemüse oder selbst gestrickte Pullover finden sich zumeist in Städten. Und dort siedeln sich bevorzugt die sogenannten Shared Offices und FabLabs an: Büros, die auf Zeit gemeinsam genutzt oder verliehen werden, und Hightech-Werkstätten, die jedem den Zugang zu 3-D-Druckern oder Laser-Cuttern ermöglichen, die er sich als Einzelner kaum leisten könnte. Beliebt ist es auch, einzelne Schreibtische je nach Bedarf anzumieten, so wie es fast schon zur Selbstverständlichkeit geworden ist, als Reisender Zimmer von privat buchen zu können. Seit ihrer Gründung 2008 konnte allein die Internetplattform Airbnb weit mehr als zehn Millionen Übernachtungen vermitteln; der kostenlose Konkurrent Couchsurfing verzeichnet mehr als sechs Millionen Nutzer.

Das kollaborative Produzieren scheint ebenso wie das kollaborative Konsumieren für viele Menschen eine alternative Lebensform darzustellen; Neologismen wie Prosumer oder Sellsumer machen die Runde. Einmal mehr verunklart sich eine klare Grenze: die zwischen Verkäufern und Käufern, Herstellern und Nutzern. Der Mensch der Digitalmoderne soll von allem ein wenig sein können. Und auch das führt dazu, dass viele die Stadt nicht länger als etwas begreifen, das von manchen hergestellt und von anderen genutzt wird. Ihnen kommt es fast schon wie ein Gewohnheitsrecht vor, im urbanen Raum zusammenzuwirken und sich eine Parkbucht oder eine Sackgasse für ihre Zwecke »zu leihen«, so wie man sich eine Bohrmaschine aus der Werkzeugbibliothek leiht. Sie reklamieren die Stadt für sich, nicht dauerhaft, sondern unvorhersehbar und auf kurze Zeit. Das erklärt das Pop-up-hafte, das zum Charakter vieler urbaner Erscheinungen der Digitalmoderne gehört.

Von temporärer Aktion zu langfristigem Engagement

Neben oft befristeten, von einem kollektiven Vergnügen an der Intervention bestimmten Aktionen finden sich auch verbindlichere Arten der urbanen Einmischung und Mitwirkung. Angestoßen und getragen werden sie häufig von freien Architekten oder Stadtplanern. Denn anders als die vielen in ihrer Freizeit engagierten Urbanisten sind sie es gewöhnt, über den Tag hinaus zu denken und auch komplexere Projekte zu antizipieren und zu begleiten. Sie mögen ebenfalls von jener User-generated City träumen, von der manche der Stadtaktivisten sprechen. Doch ist ihnen bewusst, dass viele Veränderungsprozesse tieferes Wissen, meistens mehr Geld und auch weit mehr Zeit verlangen, als der durchschnittliche Bewohner eines Quartiers aufzubringen vermag. Sie setzen daher darauf, als Agenten des Wandels jene Projekte anzuregen, die von der herkömmlichen Stadtplanung als unmöglich oder unnütz betrachtet wurden, und sie suchen dafür die Mithilfe der Bewohnerschaft.

In vielen Fällen wird die finanzielle Unterstützung zum Indiz dafür, wie sehr ein Vorhaben tatsächlich von vielen gewünscht wird. Sie machen sich das Responsive des Internets zunutze, indem sie um Spenden bitten. Auf Plattformen wie Kickstarter, die nicht allein urbanen Projekten vorbehalten sind, sondern auf der viele kreative Ideen um Finanzierungsmöglichkeiten buhlen, stellen sie ihre Pläne vor: um auf dem Dach eines Hochhauses eine Gemüsegärtnerei zu eröffnen, um stillgelegte Gleisanlagen in einen Klettergarten für Jugendliche zu verwandeln oder auch nur, um einen Basketballkorb inklusive Spielfeld für den Park nebenan zu organisieren. Auch große, mit hohem technischem Aufwand verbundene Vorhaben können so ein Echo und die nötigen Spenden finden, etwa der Plan, im East River von New York ein im Fluss treibendes Schwimmbad zu errichten und somit der Öffentlichkeit jene Wasserflächen zu erschließen, die bislang selbst bei größter Hitze den Schwimmenden vorenthalten bleiben. New York als Stadt am Wasser soll auch im Wasser baden können, so die Idee, deren Verwirklichung nicht nur logistischen Aufwand erforderte, sondern auch erhebliche Forschungsarbeit mit sich brächte, da die Wände des Schwimmbeckens zugleich als Filter fungieren sollen, um das Flusswasser sauber und für die Badenden verträglich zu machen. Dennoch kamen in nur sechs Tagen weit mehr als die erhofften 25 000 Dollar an Spendengeldern zusammen, die erste Hürde war genommen, und die Initiatoren konnten ermutigt mit den Planungen beginnen. Sie gewannen weitere Sponsoren, die Zustimmung vieler Behörden, das Wohlwollen der Medienöffentlichkeit und sie hoffen nun, ihr Flussschwimmbad 2015 eröffnen zu können. New York wäre um einiges lebenswerter. Und all jene könnten sich bestätigt fühlen, die von der gewohnten Stadtplanung wenig halten und für ein offenes, partizipatives Modell des Planens plädieren. Für sie ist die Stadt eine Open Source.

In der digitalen Sphäre ist damit eine Software gemeint, die von jedem frei kopiert und weiterentwickelt werden darf, weil der Quellcode nicht geschützt ist. Es bleibt damit der Masse und ihrer Intelligenz überlassen, mögliche Fehler des Programms aufzuspüren und zu beheben, bislang nicht berücksichtigte Funktionen zu ergänzen und weitere Anwendungen zu ermöglichen. Übertragen auf die Stadt bedeutet dies, dass sie immer nur als vorläufige Version begriffen wird, die darauf wartet, von den Stadtprogrammierern, also ihren Bewohnern, umgeformt, anders definiert und mit neuen Raumoptionen ausgestattet zu werden. Eine kontrollierende Zentralinstanz gibt es folglich nicht; die Stadt baut sich wie von selbst.

So verlockend diese Perspektive für manche auch sein mag,

bleibt doch fraglich, ob sich die Open-Source-Methode im Alltag tatsächlich bewähren würde, vor allem wenn ganze Stadtviertel geplant werden. Bei einer Stadt handelt es sich stets um eine multiple Persönlichkeit, die unterschiedlichste technische, soziale und politische Interessen in sich vereint, und die mit der relativ logisch und nachvollziehbar organisierten Struktur eines Textverarbeitungsprogramms für den PC und erst recht eines Wissensarchivs wie Wikipedia kaum zu vergleichen ist. Die Stadt kennt keinen Quellcode, vor allem aber kann nicht jeder den öffentlichen Raum nach seinem Gusto und für seine Bedürfnisse umgestalten, weil dieser Raum – anders als ein Computerprogramm – nicht allein die Belange des Einzelnen, sondern auch die aller anderen Bürger berücksichtigen soll.

Aus der eher anarchistisch gesinnten Hackerkultur der achtziger Jahre hervorgegangen, träumt die Open-Source-Bewegung von einer Art digitalem Sozialismus, davon, dass alles allen gehöre und frei zugänglich sein solle. Da aber die Stadt nicht nur aus öffentlichem Grund besteht, sondern zu wesentlichen Teilen aus privatem Eigentum, bleibt der Handlungsrahmen für individuelle wie kollektive Initiativen doch recht eng gesteckt. Selbst Crowdfunding-Projekte, die stets lokalen Charakter haben und in der Regel überschaubar bleiben, mögen im Einzelfall sinnvoll sein, doch wollte man sie als allgemeingültige Planungsmethode verstehen, wären die Konsequenzen oft problematisch. Zum einen ist der urbane Raum keine beliebige Dienstleistung und kein Produkt, das sich herstellen und wie eine innovative Uhr auf Plattformen wie Kickstarter bewerben ließe. Zum anderen können meist nur für solche Vorhaben viele Spender gewonnen werden, die sich überzeugend präsentieren lassen und mit einer verheißungsvollen Geschichte aufwarten. Nur schwer vorstellbar wäre es zum Beispiel, Sponsoren für so etwas Gewöhnliches wie neue Mülleimer auf den Plätzen in einem ärmeren Viertel zu finden. Begünstigt wären in jedem Fall jene, die sich und ihre Projekte gut verkaufen können, die also gebildet und zumeist wohlhabend sind; alle anderen wären im Nachteil. Ein eher naturwissenschaftlich-technisch geprägtes Denken, das die Internetkultur in weiten Teilen noch immer bestimmt, verkennt leicht, dass ein sozialer, historisch determinierter Organismus wie die Stadt nicht so rational zu begreifen und mit ein, zwei Klicks zu verändern ist, wie es zunächst den Anschein haben mag.

Die Grenzen der neuen Mitmachkultur

Im Kleinen erweisen sich viele der urbanen Initiativen als wertvoll. Sie helfen mit, eine neue Planungskultur zu gestalten, damit der Bürger nicht länger als Objekt, sondern als Subjekt der Stadt erscheint. Sie öffnen die Wahrnehmung für die vielen Optionen, die der öffentliche Raum bereithält. Sie bestärken den kollektiven Geist der Stadt. Und doch bleibt die Wirkmächtigkeit der Aktivisten häufig begrenzt. Was können sie ausrichten gegen die Gewalt im öffentlichen Raum oder gegen Armut und Ungleichheit? Was gegen die Wohnungsnot in manchen Städten? Sicherlich wird eine Kommune, in der es einen größeren Zusammenhalt zwischen den Bürgern gibt – auch dank der zahlreichen Gemeinschaftsaktionen – leichter eine politische Mehrheit für eine soziale Politik des Ausgleichs und der Integration finden. Auch ließe sich argumentieren, dass ein belebter öffentlicher Raum in gewissem Sinne der Gewalt vorbeugt, zumal in einer Stadt, deren Bürger sich gegenseitig nicht mit Gleichgültigkeit begegnen. Ebenso tragen gemeinnützig orientierte Vorhaben, etwa Mitwohnprojekte, Mehrgenerationenhäuser oder Baugruppen dazu bei, dass mehr Menschen eine bezahlbare Wohnung finden; und genossenschaftliches Bauen unterbindet die Spekulation und damit den Mietwucher. Doch bei aller Euphorie für teilende, geselligkeitsfördernde Initiativen: Ihr Einfluss bleibt oft beschränkt, wenn es um grundsätzliche gesellschaftliche Konflikte geht. Und zumindest manche der Aktionisten sind sich dessen sehr bewusst. Sie ziehen sich deswegen nicht ins Private zurück, wollen auch nicht passiv am Rand des Geschehens stehen. Sie halten aber wenig davon, die zahlreichen Konflikte, die jede Stadt prägen, stillschweigend zu übergehen. Für sie ist es mit dem Verbessern und Verschönern nicht getan. Und so gibt es neben jenen Initiativen, die noch in jeder trostlosen Straßenkreuzung einen Ort erblicken, der sich mit ein wenig Farbe und Einfallsreichtum neu urbanisieren lässt, auch etliche Aktionen, die sich vor allem über den Kampf definieren.

Dieser Kampf kann gewitzte, manchmal auch dadaeske Formen annehmen, etwa bei sogenannten Wohnungsbesichtigungsrallyes, bei denen die Demonstranten gut gelaunt, luftschlangenwerfend und nackt immer dann auftauchen, wenn Makler ihre in vielen Fällen überteuerten Objekte an den Kunden bringen wollen; das Problem der Gentrifizierung lässt sich so zwar nicht entspannen oder gar lösen, doch der Protest hat ein Ventil. Andere setzen hingegen auf Gewalt, zünden Autos an oder zerkratzen Karosserien. Dritte versuchen das eigene Quartier möglichst marode wirken zu lassen, indem sie überfüllte Wäscheständer auf den Balkon stellen, zerschlagene Fensterscheiben simulieren oder Zettel an Laternenpfähle kleben, auf denen vor wachsender Gewalt gewarnt oder über angeblich auf dem Kinderspielplatz gefundenes Spritzbesteck informiert wird. Anleitungen für solche Angstkampagnen werden als »Abwertungskit« im Internet verbreitet. Daraus spricht aber, so wie aus den anderen Aktionen auch, vor allem Verunsicherung; auf politischem Wege und erst recht auf dem Wege des pragmatischen Handelns im öffentlichen Raum halten diese Stadtbewohner eine Lösung des Mietproblems für unmöglich.

Ähnlich verhält es sich mit Fragen der Gerechtigkeit und Armut. Hier entwickeln sich ebenfalls Formen des Widerstands, das Containern zum Beispiel, von manchen auch Dumpstern genannt. Die Verfechter dieser Idee wenden sich gegen die verbreitete Wegwerfmentalität und die Vernichtung von Nahrungsmitteln, die nicht verdorben sind und im Müll landen, während zugleich einigen Stadtbewohnern das nötige Geld für ihre Mahlzeiten fehlt. Die Dumpster bergen daher Lebensmittel aus den Abfallbehältern der Discounter, Wochenmärkte oder Fabriken. In manchen Städten gründen sich sogar eigene Organisationen, in Wien zum Beispiel das Gemüse- und Obstkollektiv, in denen die Funde geteilt und getauscht werden können, so dass sich das Containern für manche zu einer Lebensform entwickelt hat. Dem Problem der systematischen Überproduktion von Nahrungsmitteln aber ist so nicht beizukommen, genauso wenig wie den nicht selten umweltwidrigen Produktionsbedingungen oder dem Preisdumping vieler Supermarktketten, zumal das Containern meist nachts erfolgt und daher unbemerkt bleibt. Auf vergleichbare Weise vermag auch das Urban Gardening, selbst wenn es als Gegenbewegung zur Nahrungsmittelindustrie gemeint ist, höchstens in Nischen etwas zu verändern; die große Alternative zu industrieller Landwirtschaft und Lebensmittelimporten wird sich mit Dachgärten und Gemüsebeeten auf brach liegenden Grundstücken kaum verwirklichen lassen, schon weil die Anbauflächen zu klein wären.

Noch augenfälliger ist die Vergeblichkeit mancher urbaner Proteste, wenn es um den Kampf gegen die visuelle Vormacht der Werbung im öffentlichen Raum geht. Plakate werden abgerissen, übermalt, überklebt oder mit minimalen Eingriffen ins Lächerliche gezogen. Dieser Protest ist nicht neu, schon als um 1900 mit der Großstadt die Großwerbung entstand, fluchten nicht wenige Bürger über die »Blechpest« der Emailleschilder oder die »Heuschreckenschwärme von Schrift«.[17] Mittlerweile verhüllen einige dieser Großbilder ganze Häuser. Anders als die Schilder von einst sind sie kein städtisches Beiwerk mehr, sondern erzeugen eine eigene, nicht selten übermächtige Wirklichkeit. Nicht das Ich schaut das große Plakat an, sondern das Plakat das kleine Ich. Und so richten sich die Proteste der Adbuster, der Werbezerstörer, aus gutem Grund nicht allein gegen die Konsumbotschaften, sie wenden sich auch gegen die Vereinnahmung des öffentlichen Raums. Viele Werbekampagnen wollen aus dem Marktplatz einen Markenplatz, einen H&M- oder Nike-Platz machen. In Chicago wird darüber diskutiert, ganze U-Bahn-Linien nach Unternehmen zu benennen, so dass es eine McDonald's- oder eine Nike-Linie geben könnte. In Berlin kam ein Baustadtrat auf die Idee, die Sanierung von 130 Kinderspielplätzen durch Werbung zu finanzieren. Ausgewählte Firmen sollten an Sand-

---

17 Benjamin, Walter, 2009, *Einbahnstraße*, in: ders., *Werke und Nachlaß. Kritische Gesamtausgabe*, Bd. 8, herausgegeben von Detlev Schöttker unter Mitarbeit von Steffen Haug, Frankfurt am Main: Suhrkamp, S. 30.

kästen und Klettergerüsten ihre Reklame anbringen und gegen ein ordentliches Entgelt den Plätzen ihren Namen geben dürfen.

Diese Städte interessieren sich vor allem für die monetären Aspekte des öffentlichen Raums und nicht für seine ideellen, identitätsstiftenden Werte. Und dagegen wenden sich die Adbuster: gegen einen öffentlichen Raum, der ausschließlich von Unternehmer- und Werbeinteressen dominiert wird. Sie wollen, dass sich die Menschen einer Stadt nicht allein als Käufer angesprochen fühlen, dass sie sich nicht gegängelt, bedrängt oder verfolgt fühlen von den Botschaften der Werbung, sondern den Raum als offen und frei erleben. Doch längst haben sich einige der Konzerne die Strategien der Adbuster zu eigen gemacht. Sie lernen vom Aktionismus, entwickeln spontane und performative Werbeformen, manche greifen auf die Strategien des Happenings zurück, etwa der Uhrenhersteller Swatch, der eine neue Kollektion mit großen Beamern auf die Siegessäule, das Brandenburger Tor und den Fernsehturm in Berlin projizieren ließ. Die nächtliche Aktion war nicht genehmigt, das Unternehmen wurde zu einer Geldstrafe in fünfstelliger Höhe verurteilt. Die Illegalität war dabei Teil der Kampagne, sie sorgte für zusätzliche Aufmerksamkeit.

Auch entdecken viele Werber die Antiwerbung als Inspiration und integrieren die Konsumkritik in ihre Motive und Slogans. So wurde die Getränkemarke Sprite eine Zeitlang von einem Mann beworben, der sich öffentlich empört, dass Softdrinks ihn – anders als die Werbung es suggeriere – nicht sportlicher machen und attraktiver erscheinen lassen. Adidas oder Comme des Garçons betreiben ganz im Stil einer Off-Galerie sogenannte Guerilla Stores, Läden ohne Ladenschild in einer verlassenen Autowerkstatt oder

Schlachterei, in denen dann die Hemden vom Fleischerhaken baumeln und die Schuhe auf Europaletten stehen, damit die eigenen Luxusprodukte möglichst authentisch wirken. Noch weiter treibt es der Nike-Konzern, der in Australien sogar Anti-Nike-Demonstrationen organisierte, um weiterhin gut bei seiner Zielgruppe anzukommen, die nichts mehr schätzt als die Aura der Dissidenz.[18] Wie sollten also Adbuster noch etwas gegen die Konsumfixierung, gegen die großflächige Vereinnahmung des öffentlichen Raums durch den Markt ausrichten? Sie können dagegen protestieren, sie können versuchen, die allgemeine Wahrnehmung für das gewandelte, von Werbung dominierte Bild vieler Städte zu schärfen. Doch das Bottom-up-Prinzip taugt nicht, um gesellschaftlich-politische Interessenkonflikte wie dieses zu lösen; das vermag nur die Politik selbst.

Wie eine solche Veränderung gelingen kann, hat 2006 der Bürgermeister von São Paulo, Gilberto Kassab, vorgemacht, als er für seine Stadt den größten Bildersturm der Moderne verordnete und alle Riesenplakate und Werbeschriften abgehängt werden mussten. Auf keine andere Weise hätte Kassab derart eindrücklich und sichtbar demonstrieren können, dass er die Stadt verändern wollte. Es war nicht nur ein symbolischer Aufstand gegen die Symbole und deren Übermacht. Er bewies zudem eine Handlungshoheit, die den Aktivisten, so sehr sie sich auch anstrengen, nicht zukommt. Die Macht der Straße, so zeigt dieses Beispiel, reicht nicht an die Macht des Stadtrats heran.

18 Borries, Friedrich von, 2012, *Wer hat Angst vor Niketown? Nike-Urbanismus, Branding und die Markenstadt von morgen*, Berlin: Suhrkamp, S. 84-85.

Allerdings ist das für viele Planungsämter keineswegs ein Grund, das wachsende bürgerschaftliche Interesse am öffentlichen Raum mit Verweis auf ihre eigene, durch Wahlen legitimierte Zuständigkeit zu ignorieren. Eher versuchen sie, den Aktivismus für ihre Zwecke zu nutzen, und sei es durch simple Internetofferten. Auf entsprechenden Seiten können Stadtbewohner ihre allgemeinen Wünsche oder Beschwerden vorbringen. Das Prinzip der Ideenbörse soll für die kommunale Politik produktiv gemacht werden, es gibt Befragungen, Anregungen, manchmal sogar groß angelegte Kampagnen, in denen die Bürger aufgefordert werden, eine Zukunftsvision für ihre Stadt zu entwickeln. Auch eine Art Notmeldestelle wurde vielerorts eingerichtet, jeder kann nun per SMS oder E-Mail den zuständigen Behörden berichten, wo ein Schlagloch den Verkehr behindert oder alte Matratzen den Bachlauf vermüllen.

Bei Neubau- oder größeren Umgestaltungsvorhaben legen viele Städte schon deshalb großen Wert auf Informierung und Beteiligung der Bürger, um späteren Unwillen und hartnäckige Demonstrationen zu verhindern. Das deutsche Baugesetzbuch verlangt diese Einbindung ohnehin, doch seitdem der Begriff des Wutbürgers populär geworden ist, von dem es heißt, er wolle alles an Veränderungen verhindern, was seine Lebensroutinen stört, sind viele Kommunen mehr denn je und aus Eigeninteresse bereit, mögliche Einwände frühzeitig zu entkräften und nach Kompromissen zu suchen. In manchen Städten werden die Beteiligungsmöglichkeiten derart ausgeweitet, dass sie sich fast schon selbst erschöpfen. Niemand soll den Eindruck haben, die öffentliche Verwaltung schotte sich ab, es werden

Open-Space-Konferenzen abgehalten, Charrette-Verfahren durchgeführt, internetgestützte Mitmachprozesse entwickelt. Gleichwohl droht mancherorts die Partizipation zum Selbstzweck zu werden. Einige warnen bereits vor der Gefahr des reinen »Particitainment«,[19] vor einer Bürgerbeteiligung, die nur mehr eine Schau- und Showveranstaltung ist. Dies liegt zum einen daran, dass die Erwartungen und Erfahrungen sehr unterschiedlich sind. So folgen gerade die urbanen Bewegungen mit ihren Ad-hoc-Initiativen anderen Mustern und Interessen als die Ämter. Die einen reizt das stille Aufbegehren, das Abenteuer, mit Unbekannten eine gute Idee zu verwirklichen, ohne über Fragen der Dauerhaftigkeit, Sicherheit und Pflege groß nachzudenken. Die anderen müssen sich an ihre Vorschriften halten, nicht wenige denken in Zuständigkeiten, und sie wissen, dass es für alles, was in einer Stadt verändert wird, Bestimmungen und Normen gibt, die erfüllt werden müssen. Atmosphärische, vor allem von Empfindungen bestimmte Qualitäten mancher Vorhaben sind ihnen für gewöhnlich suspekt, sie lassen sich nicht quantifizieren, nicht kalkulieren und nur bedingt planen. Just für diese aber, für die gemeinschaftlichen und emotionalen Dimensionen des öffentlichen Raums, interessieren sich viele der urbanen Aktivisten. Sie legen es darauf an, die herkömmliche Funktionalität der Stadt zu konterkarieren, sie durchkreuzen die Routinen, während die Planer ihrem Selbstverständnis nach für die reibungslose Funktionsfähigkeit verantwortlich sein müssen.

19 Selle, Klaus, 2013, »›Particitainment‹, oder: Beteiligen wir uns zu Tode? Wenn alle das Beste wollen und Bürgerbeteiligung dennoch zum Problem wird«, online verfügbar unter: {http://www.bbs-hannover.de/view_document/138_leseprobe_particitainment_oder_beteiligen_wir_uns_zu_tode_klaus_selle_1.11.2012.html} (Stand: Juni 2013).

Darum begeistert sie an der neuen digitalen Technik auch nicht so sehr die Möglichkeit des sozialen Austauschs, vielmehr träumt mancher von einer vollautomatisierten Stadt (so wie einige Architekten vom vollautomatisierten Haus träumen). Um sich selbst in eine Smart City zu verwandeln, geben Stockholm, Amsterdam oder auch Santander viel Geld für Messstationen aus, die an Laternen oder Hauswänden installiert werden und alle möglichen Verkehrs- und Klimadaten erheben. Staus sollen so vermieden, der Einsatz von öffentlichen Verkehrsmitteln verbessert werden. Sogar Mülleimer wurden entwickelt, die dem zuständigen Amt selbsttätig melden, wenn sie geleert werden müssen. Auch der Bürger, ob er nun ein Stadtaktivist ist oder nicht, erscheint in der Perspektive eines solchen Technikurbanismus primär als Datenbündel, das mit Sensoren erfasst und in seinem Verhalten optimal gesteuert werden muss. So prallen zwei Kulturen aufeinander, denen es im Zweifel um dieselben Ziele geht, die aber anderen Handlungsformen und anderen Nützlichkeitsvorstellungen verhaftet sind.

Der zweite Grund dafür, dass Partizipation rasch an ihre Grenzen gerät, liegt in einer gegenseitigen Überforderung: Unmöglich kann der emanzipierte Stadtbewohner all das wissen und bedenken, was der Planer wissen und bedenken muss; nichtsdestotrotz soll er über viele grundsätzliche Fragen mitentscheiden und sich also mit einer multikausalen, technisch geprägten Materie auskennen, die selbst Experten mitunter überfordert. Umgekehrt geraten auch die Kommunen an die Grenzen ihrer Möglichkeiten: Je interessierter nämlich die Bürger alle Veränderungen in ihrer Nachbarschaft verfolgen, je motivierter sie sind, eigene Vorschläge einzubringen – ob es nun um die Linienführung eines Busses, um kindgerechte Platzgestaltung oder bessere Fahrradwege geht –, desto schwieriger wird es für die Städte, viele dieser Interessierten und Motivierten am Ende nicht zu enttäuschen.

Das liegt zu einem nicht geringen Teil an den Verwaltungen selbst, die auf Vorschläge, die nicht eindeutig in ein Ressort fallen, sondern möglicherweise Umwelt-, Verkehrs- und Liegenschaftsfragen berühren, oft nur sehr langsam oder auch gar nicht reagieren. Es hängt dann vom Willen eines einzelnen Dienststellenleiters ab, ob er das Anliegen zu seiner Sache macht und trotz der Einsprüche anderer Dienststellen eine Lösung anstrebt und sogar findet. Aber selbst dies setzt voraus, dass er über einen Etat verfügt, mit dem sich die Platzgestaltung oder der Fahrradweg finanzieren ließe.

Weil aber in vielen Kommunen weder das Engagement noch das Geld ausreicht, um auch nur einen Bruchteil der Bürgerideen umzusetzen, fühlen sich viele Aktivisten schließlich doch in ihrer Ansicht bestätigt, dass nur Eigeninitiative weiterhilft. Erst werden sie von den Kommunen zur Mitarbeit aufgefordert, dann wird aber nur ein Bruchteil der gemeinsam erarbeiteten Entwürfe umgesetzt. Das Ergebnis ist Frust auf beiden Seiten: Die Planungsämter fürchten die forderungswütigen Bürger, den Bürgern erscheinen ihre Kommunen zu träge, zu unwillig, zu intransparent zu sein. Sie nehmen dann vielleicht noch gutmütig an ein oder zwei weiteren Partizipationsverfahren teil, und ziehen sich dann, weil sie ihre Interessen nicht berücksichtigt finden, aus diesem Teil des öffentlichen Lebens zurück.

Allerdings gibt es auch viele gelingende Formen der Zusammenarbeit von Planungsämtern und Stadtbewohnern; die Verfahren haben sich häufig stark diversifiziert, die Moderatoren professionalisiert und insbesondere jüngere Bürgermeister, mit dem Internet aufgewachsen, legen großen Wert darauf, dass öffentliche Vorschläge nicht nur eingesammelt werden, um anschließend in irgendeiner Behördenschublade zu vergilben. Die Chancen auf Umsetzung guter Ideen steigen aber in der Regel nur dann, wenn man sich einerseits vor zu hohen Erwartungen hütet, und andererseits beide Seiten, die Planer und die beteiligten Bürger, nach anderen Rollenmustern Ausschau halten. Nur wenn sich das gewohnte Oben und das gewohnte Unten neu justieren, wenn sich die einen nicht als allwissende Experten und die anderen nicht als ewig fordernde Laien begreifen, wird zusammenfinden, was eigentlich nicht zusammenpasst: das liquide Wir des Bürgerkollektivs und das strukturbedachte Wir der Behörde. Es braucht das, was die Stadt klassischerweise verheißt: Offenheit. Und es braucht starke und vor allem verbindliche Interessen.

In Magdeburg war das so, in einem jener Stadtteile, die vielen als verloren gelten, weil alle, die können, fortziehen und nur die Alten und Armen noch zurückbleiben. Dort, in Salbke, auf einer wüsten Brachfläche, wuchs seit 2004 ein Projekt heran, das von der spontanen Lust am Machen ebenso erzählt wie von dauerhafter Verantwortung und davon, wie ein Planungsamt aus dem Nichts heraus etwas entstehen lässt, das selbst auf der Architekturbiennale in Venedig noch Anklang findet. Bis zu einem Brand in den achtziger Jahren befand sich auf dem Grundstück eine Bibliothek, und so lag es nahe, eine solche dort wieder zu errichten, um der maroden Lage des Quartiers etwas entgegenzusetzen – mit einem Zeichen, dass es doch weitergehen könnte. Es gab einen Workshop, es gründete sich ein Bürgerverein, und gemeinsam mit dem Büro KARO* architekten aus Leipzig wurde ein Plan für das Projekt entwickelt:

Eine Art öffentliches Bücherregal sollte entstehen, dazu Sitzmöglichkeiten, ein winziger Park und eine Bühne, das Ganze so angeordnet, dass die Wohnhäuser von dem Lärm einer stark befahrenen Straße abgeschirmt werden. Wenig später, ganz im Stile des taktischen Urbanismus, wurde aus den Skizzen ein Modell im Maßstab 1:1 errichtet, aus 1000 Bierkästen, zur Verfügung gestellt vom Getränkehändler vor Ort. 2005 fand ein Lesefest statt, per Spendenaufruf kamen auch gleich einige hundert Bücher zusammen; es sollte eine Freihandbibliothek werden, ohne Leihgebühren, ohne Mitgliedsausweise, 24 Stunden am Tag geöffnet.

Die Bürger konnten sich selbst als Akteure des Wandels erleben, doch das allein hätte nicht ausgereicht. Es brauchte die beratende Unterstützung der professionellen Planer und die finanzielle Unterstützung der öffentlichen Hand. Die Stadt kaufte das Grundstück, der Bund gab aus Sondermitteln die nötigen Gelder, um aus dem Bierkastenmodell ein richtiges, wenngleich zwittriges Gebäude zu machen, das schon deshalb allen zugänglich ist, der Grundschule wie dem Musikverein oder den Jugendlichen des Viertels, weil es sich nicht verschließen lässt. Die Öffentlichkeit selbst ist der Raum, und der Raum lässt Öffentlichkeit erst entstehen. So braucht es auch keine Fassade im herkömmlichen Sinne, sondern für die monolithische Wand des Bauwerks lediglich eine Verkleidung, und diese verdankt sich in Teilen – ein guter Scherz und zugleich eine umweltbewusste Upcycling-Maßnahme – einem Konsumgebäude, der ehemaligen Horten-Filiale aus Hamm; nun lebt das Warenhaus weiter als Stadtkultur.

Rechtlich gesehen gehört die Freiluftbibliothek der Kommune Magdeburg, doch ohne die ehrenamtlichen Betreiber, also die Bürger, gäbe es sie nicht, ebenso wenig wie die stark gewachsenen Bücherbestände, die unterdessen in einem festen Gebäude untergebracht sind, in einer von den Anwohnern betriebenen Bücherei, die zum Lesen, zum Gespräch, zum Austausch der Nachbarschaft mit sich selbst einlädt. Die allgemeine Bereitschaft, die brach gefallenen Räume der Stadt neu zu nutzen, die Freude an der spontanen Aktion, der Wille zum Wir, die beratende Erfahrung der Behörde, das staatliche Geld und der bürgerschaftliche Langmut, das alles musste zusammenkommen, um in Magdeburg aus der ersten Skizze ein lebendiges Zentrum des Viertels werden zu lassen.

Selbst hier aber bleibt offen, wie lang die Begeisterung des Anfangs anhalten wird, zumal die Freiluftbibliothek immer wieder von Randalierern schwer malträtiert wird. Das Wir, das hier seinen Ort zu finden meinte, ist brüchig, davon zeugen zertrümmerte Scheiben, beschmierte Wände, zerfledderte Bücher. Auch die politischen und sozialen Konflikte betreten die neue Bühne des Quartiers. Und so erweist sich eine Unternehmung wie diese immer auch als Probe darauf, wie weit die sozialen Kohäsionskräfte eigentlich tragen. Mag der öffentliche Raum auch vieles verbinden, was ansonsten unverbunden bliebe, tritt doch die alte Frage auf, ob und wie aus Gemeinschaft Gesellschaft wird und ob der urbane Wandel zurückwirkt auf die politische Realität.

Von den Veränderungen in der digitalen Sphäre angetrieben, erblicken viele in der Stadt einen Raum voller Gelegenheiten und Potentiale, erfüllt von Aktivitäten sonder Zahl. Das Ego hat hier seinen Platz und zugleich bilden sich vielfältige Formen von Zugehörigkeit, oft loser, manchmal verbindlicher Natur. Mit Zuversicht betrachtet, könnte man meinen, das wachsende Interesse an urbaner Geselligkeit belebe nicht nur die Stadt, sondern auch das Allgemeinwesen als Ganzes. Und manche lassen sich gar von der Hoffnung tragen, im öffentlichen Raum könne tatsächlich eine andere, bessere Öffentlichkeit entstehen. Von solchen politischen Idealen war die klassische Vorstellung der *urbs* über lange Zeit geprägt. Hier, auf den Plätzen und Straßen, sollte die Gesellschaft ihrer selbst ansichtig werden. Hier sollte sie über ihr Wollen und Wirken befinden, ihre gemeinsamen politischen und sozialen Ziele aushandeln. Es war eine hehre, eine utopische Idee; in der Digitalmoderne scheint sie in den Horizont des Möglichen zurückzukehren.

VI. Stadt und Zukunft
Der Urbanismus von unten und die Folgen

Eine Stadt ist Stadt, wenn sie mit sich selber uneins bleibt. Wenn sie voller Gegensätze steckt, lustvoll Spannungen erträgt, wenn sie sich selber fragend und mit Skepsis betrachtet. Hingegen zeugt Selbstzufriedenheit zumeist von Provinzialität, sie erstickt die Neugier, den Zweifel. So gesehen könnte man den Urbanismus von unten, der aus der einst öden eine erweckte Stadt werden lässt, ohne Weiteres provinziell nennen. Denn so sehr sich die verschiedenen Bewegungen in ihrem Streben und Auftreten voneinander unterscheiden, es eint sie doch ein Verlangen nach Nähe: Man sucht nach Vertrautheit, Verbindung und nach einer Art von Vergemeinschaftung, wie man sie eher auf dem Dorf als in der Großstadt vermuten würde. Man fragt auch nicht lange, man hält sich nicht auf mit Zweifeln, sondern fängt einfach mal an. Dieser handelnde Pragmatismus erfreut sich am Augenblick und will von Debatten über gesellschaftliche Strukturen und Systeme häufig nichts wissen. Wenn er auf Veränderung des Bestehenden aus ist, dann ohne erst ein Grundsatzprogramm, gar ein Manifest abzufassen. Ein wahrhaft urbaner Skeptiker würde es Naivität nennen. Die Aktivisten selber sprechen wohl eher vom Optimismus der Tat.

Vielleicht zeigt sich daran bereits die wichtigste Veränderung von allen. Obwohl die urbanen Bewegungen hinein ins Öffentliche noch jung sind und ihren entscheidenden Schub erst 2007 nach der Einführung des iPhones, des ersten allgemein zugänglichen Smartphones, erlebten, hat sich eines schon deutlich verschoben: die Wahrnehmung des öffentlichen Raums. Er wird nicht länger als etwas Fremdes angesehen, von Verbotsschildern bewehrt. Er gilt nicht als beherrscht von festen Funktionen, nicht als erstarrt in Routinen und Gewohnheiten. Das alte Ordnungs- und Zweckdenken ist aus ihm oftmals gewichen, und so fühlen sich viele aufgefordert, ihn spielerisch für sich zu erschließen und gestaltend einzunehmen. Er erscheint weit geöffnet für das Unerwartete und vermeintlich Überflüssige, für neue Rituale, unbedachte Anliegen, für die Launen des Jetzt. In diesem Raum lebt ein Was-wäre-wenn.

Zwar ist es nach wie vor ein von Regeln und Konventionen geprägter Raum, und mehr denn je drängen die Interessen des Marktes in ihn hinein. Manche Stadtviertel nennen sich nun Business Improvement District, was bedeutet, dass die Anrainer, in der Regel Geschäftsleute, dort viel Geld ausgeben, damit ihre Straßen attraktiver wirken. Dafür bekommen sie öffentliche Hoheitsrechte übertragen, mancherorts werden Obdachlose oder Bettler von privaten Sicherheitsdiensten vertrieben. Ähnlich instrumentalisieren auch große Konzerne den öffentlichen Raum für ihre Absichten, etwa wenn es die Werbekampagnen von Nike oder Red Bull besonders auf die Authentizität der urbanen Straßenkulturen abgesehen haben, um ihre Produkte als möglichst glaubwürdig vermarkten zu können. Doch die wenigsten der urbanen Bewegungen zeigen sich an dieser Art von konsumierender Stadt sonderlich interessiert, ebenso wenig wie sie sich für die Stadt der Weinfeste, Sportturniere, Schlagermoves und sonstiger Festivals begeistern können. Die Märkte mögen ihr Recht haben, die Events ebenfalls. Die meisten Stadteuphoriker begreifen den öffentlichen Raum primär als einen Raum des Eigensinns.

Schon deshalb wäre es abwegig, die Stadt für tot zu erklären. Der öffentliche Raum schrumpft nicht, wie manche behaupten, und selbst dort, wo man ihn bedroht wähnt, wird er häufig nicht zurückgedrängt. Im Gegenteil erfreut er sich großer Vitalität, ist allgemein begehrt und entwickelt sich fort, in quantitativer wie in qualitativer Hinsicht. Das lässt sich vordergründig bereits daran erkennen, dass kaum eine Firmenzentrale neu gebaut wird, die nicht eine öffentliche Passage anbietet oder eine Kantine, die für jedermann zugänglich ist. Gewiss handelt es sich in vielen Fällen um symbolische Einrichtungen, denn diese Passagen, Lobbys und Foyers sind nicht für alle jederzeit frei zugänglich, sondern werden privat kontrolliert. Es ist eine Form von Scheindurchlässigkeit, wenn etwa die Zentrale der Rothschild-Bank in London sich nicht – wie für Banken lange üblich – hinter trutzigen Mauern verbirgt, sondern mit einem luftigen Eingang und einem offenen Hof aufwartet. Doch eine Geste ist immerhin eine Geste, das Bauwerk möchte dazugehören, es macht einen einladenden Eindruck, und zumindest eine schwache Form von Öffentlichkeit ist dank dieser Art von Firmenarchitektur mitunter möglich.

Ähnliches gilt für Museen, deren Zahl in den letzten Jahrzehnten sprunghaft gestiegen ist, oder für Einkaufszentren, für Bahnhöfe oder auch Hundetrainingsplätze. Sie sind gemacht für das öffentliche Leben, sie prägen es, und wer einmal erfahren hat, wie sich vor einer Kunstausstellung derart lange Schlangen bilden, dass die Besucher zwei, drei oder noch mehr Stunden anstehen müssen, miteinander ins Gespräch kommen, eine kollektive Durchhaltesituation durchleben, der weiß auch, dass diese Orte einen verbindenden, gemeinschaftsstiftenden Charakter besitzen können. Gleichwohl würde man hier ebenfalls von einer schwachen Form des öffentlichen Raums sprechen, weil das Unvorhersehbare kaum möglich ist, das Verhalten der Menschen also stark reglementiert wird.

Insgesamt gibt es unterdessen weit mehr hybride Eigentums- und Rechtskonstruktionen als ehedem, zum Beispiel Sondernutzungsrechte für Gaststätten auf kommunalem Grund. Doch auch die starken, die klassischen Räume des öffentlichen Lebens, die jedem jederzeit freistehen, haben in quantitativer Hinsicht zugenommen. Sehr viele europäische Städte begannen spätestens in den achtziger Jahren, ihre Innenstädte von großen Autoabstellflächen und Schnellstraßen zu befreien und dem Gehen, Schauen, Sitzen, dem Flanieren wieder würdigen Raum zu geben. Viel Geld floss in Alleen, Uferpromenaden, neu gestaltete Plätze mit Wasserspielen und Bänken. Hinzu kamen die Konversionsflächen, die aufgelassenen Industriegelände, Kasernen und Bahngleise, die in vielen Städten für ein Wachstum nach innen genutzt wurden und die wie die stetig neu entstehenden Siedlungen am Stadtrand neue öffentliche Straßen bekamen, neue Spielplätze, Sportanlagen, neue Parks. Sechs Quadratmeter »wohnungsnahen Freiraum« pro Einwohner sehen viele Bauleitplanungen vor, und das bedeutet etwa für eine Stadt wie Hamburg, dass durchschnittlich sieben Hektar große Parkanlagen angelegt werden, pro Jahr. Über die Qualität dieser öffentlichen Räume ist damit nichts gesagt, zumal die Mittel für die Pflege der Grünanlagen und Straßen vielerorts gekürzt werden, trotz wachsender Flächen. Doch um einen Zuwachs an Möglichkeiten, die von einer alerten Öffentlichkeit genutzt oder verworfen werden können, handelt es sich allemal.

Im Unterschied zur quantitativen ist die qualitative Entwicklung der öffentlichen Räume tatsächlich schwieriger zu ermessen, es gibt keine Formel, mit der sich das urbane Leben in seinen wechselnden Intensitäten ausrechnen ließe. Denn entscheidend ist oft nicht, ob der Raum von Vorschriften und Einschränkungen eingeengt wird oder ob es sich in rechtlicher Hinsicht um einen öffentlichen oder doch um einen halbprivaten Raum handelt. Entscheidend für die Qualität ist vielmehr, ob sich Menschen in größerer Zahl von diesen Räumen angezogen fühlen, ob sie diese betreten und in ihnen etwas beginnen, etwas ausleben möchten. Das kann ein Platz sein, der von vielen klugen Architekten geplant wurde und mit seinen Bäumen, dem Brunnen, den Sitzgelegenheiten zum Verweilen einlädt. Doch genauso gut können sich auch urbane Brachen als qualitätvoll erweisen, die struppigen Ecken einer Stadt, Baulücken oder verwaiste Treppen, die zum Stöbern und Stromern verleiten. So kann ein Spielplatz mit teuersten Rutschen und Schaukeln einen sterilen und langweiligen Eindruck machen, vergleicht man ihn mit offenen Streifräumen, in denen Kinder über versteckte Pfade wandern oder überwucherte Gärten entdecken können.

Was Qualität also bedeutet, lässt sich nur beurteilen, wenn man um die Erwartungen weiß, die sich auf einen Raum richten. Behelfsweise sprechen die Stadtplaner gern von Aufenthaltsqualität, aber auch sie wissen meistens nicht, was genau damit gemeint ist. Denn wer sich warum und wo gerne aufhält und ob Aufenthalt überhaupt das wichtigste Bedürfnis der Stadtbewohner ist, ob ihnen nicht beispielsweise Bewegungs- oder Überraschungsqualität viel wichtiger wären, bleibt ungewiss. Zu viele divergierende Interessen richten sich auf den öffentlichen Raum: Die einen wünschen sich saubere, sichere, behagliche Straßen und Plätze; andere erfreuen sich gerade am Ungesicherten, sie sprechen vom Charme des Morbiden. Die Freude am Gedrängel und der Wunsch nach Ruhe, das Bedürfnis nach vertrauten Gesichtern und das Trachten nach Anonymität, die Lust am Alten und die Neugier auf das nicht Gesehene, das alles und vieles mehr soll im öffentlichen Raum seinen Ort finden. Deshalb ist es im Grunde widersinnig, von *dem* Raum zu sprechen, es braucht viele Räume unterschiedlichen Charakters und von wechselnder Intensität. Am Ende zeigt sich die Qualität an den Möglichkeiten, die sich den Menschen bieten – und daran, ob die Menschen diese Möglichkeiten ergreifen.

So betrachtet, hat der öffentliche Raum nicht nur in quantitativer, sondern auch in qualitativer Hinsicht gewonnen. Vielleicht werden die Stadtethnologen im Rückblick sogar von einem Freiheitsschub sprechen: Viele starre Verhaltensmuster haben sich gelöst, unüberschaubar ist das Schaffen und Treiben auf den Straßen und in den Parks geworden, und neben allem Sport und Vergnügen, neben dem Gärtnern, den künstlerischen Aktivitäten, dem Essen, Spielen und Sonnenbaden, hat auch das Politische nach wie vor in der Stadt einen Rückhalt. Hier wird demonstriert, hier werden Unterschriften gesammelt, manchmal werden auch Plätze über Monate von Protestierenden okkupiert. Und niemand scheint sich davon abhalten zu lassen, für die eigenen Ideale vor den Augen aller einzustehen, auch vor den Augen der unzähligen Überwachungskameras, installiert von Kommunen, Polizei, privaten Sicherheitsdiensten und Geschäftsleuten.

Neben den Autos, diesen rollenden Monaden, die in immer noch wachsender Zahl die Straßen und Plätze verstellen, gelten allgemein die elektronischen Kamerasysteme als die wohl stärkste Bedrohung des öffentlichen Raums. Tatsächlich bedeutet ihre Kontrolle zugleich einen Kontrollverlust für jeden Einzelnen, denn niemand weiß ja, ob er gerade gefilmt wird und was mit den Filmaufnahmen geschehen mag. Damit verletzen die Kameras ein Grundprinzip des städtischen Raums, in dem sich die Menschen als Subjekte auf Augenhöhe begegnen, während das privilegierte Kameraauge aus allem und jedem ein Objekt macht. Manche meinen daher, die Überwachung zwänge den Menschen ein normiertes Verhalten auf. Aus einer unbestimmten Angst vor Sanktionierung heraus fühlten sie sich unfrei und vermieden alles, was als abweichend und ungewöhnlich empfunden werden könnte. Die Befürworter der Überwachung halten dagegen, dass erst Kameras vielen Menschen einen freien, weil angstlosen Zugang zum öffentlichen Raum ermöglichten. Wo sie sich zuvor von Überfällen, Diebstahl und sonstigen Gewalttaten bedroht fühlen mussten und sich wegen ihres Alters oder ihrer Gebrechlichkeit als potentielles Opfer wähnten, bewegten sie sich nun ungefährdet und damit gleichberechtigt mit allen anderen durch die Stadt.

Beide Argumente mögen, aus theoretischer Sicht, etwas für sich haben. Denn soziale Kontrolle gewährt einerseits Sicherheit und schließt so den öffentlichen Raum erst auf; doch engt sie den Raum auch ein, sie raubt ihm, wird sie zu eng, die Offenheit. Für die Praxis aber spielt die Überwachung offenbar nur eine geringe Rolle. Der Mensch der Digitalmoderne fühlt sich davon meist weder sonderlich beschützt noch sonderlich bedroht. Denn es stimmt nicht, dass Gewalttaten im Auge einer Kamera grundsätzlich unterblieben; sonst dürfte es die zahlreichen, von öffentlichen Überwachungssystemen aufgezeichneten Videos nicht geben, auf denen zu sehen ist, wie jemand überfallen, auf Bahngleise gestoßen oder geschlagen wird. Umgekehrt stimmt es nicht, dass die Vielfalt des öffentlichen Lebens unter den Augen der Überwacher veröden würde. Die meisten Menschen nehmen die Kameras hin, manchmal mit Unwohlsein, für gewöhnlich aber unbekümmert.

Das mag daran liegen, dass die visuellen Kontrollsysteme auf geradezu anrührende Weise altertümlich wirken, vergleicht man sie mit den digitalen Überwachungsmöglichkeiten. Ein jeder, der eine Kreditkarte besitzt, im Internet unterwegs ist und mit seinem Smartphone telefoniert, hinterlässt Datenspuren. Und alle wissen um diese Spuren, manche versuchen, sie zu vermeiden und lassen Vorsicht walten. Doch anders als bei den Kameras in der Stadt gibt es im Internet nicht mal mehr ein sichtbares Auge, das man erspähen und vor dem man sich wegducken könnte. Und so gehört zum Lebensgefühl vieler Menschen der Digitalmoderne – spätestens seit dem Prism-Skandal – die nüchterne Erkenntnis, dass die Zeiten der absoluten Anonymität vergangen sind, weil jeder von großen Unternehmen oder von Regierungsorganisationen erkannt, ausgelesen, ausgewertet wird, zumindest in der digitalen Sphäre. Viele nehmen das hin, mit einem gewissen Staunen oder auch mit Schrecken und Wut, keineswegs aber mit Hysterie, und selten nur ändern sie ihr Verhalten und werden vorsichtiger. In der Unruhe herrscht, so scheint es, Ruh.

Ähnliches gilt für den öffentlichen Raum der Stadt: Obwohl sich viele gesellschaftliche Konflikte verschärfen, die Kluft zwischen Armen und Reichen größer wird und nicht wenige in dem Gefühl leben, sie würden weniger von Politikern als von unsichtbaren Mächten des Finanzkapitals regiert, scheinen die Städten weithin befriedet zu sein. Brennende Autos in Berlin, Plünderungen in London, ausufernde Proteste in Madrid, das alles ist heute Schlagzeile und morgen oft schon vergessen. Vermutlich gehört es zum vorherrschenden Pragmatismus der Gegenwart dazu, auf mögliche und reale Konflikte mit ausgeprägtem Gleichmut oder stillem Groll zu reagieren. Alle sind mit allen vernetzt und verwoben, man handelt in Koalitionen und Kooperationen, die Welt wirkt verflüssigt – wie sollte es noch scharfkantige Konflikte und klare Frontlinien geben?

Das mag man für einen verqueren Frieden halten, doch unübersehbar hat die Stadt in ideologischer Hinsicht tatsächlich abgerüstet. Die einst hochfliegenden Hoffnungen der Avantgarden, die den Menschen auf erzieherische Weise befreien wollten, sind ebenso verschwunden wie die Ängste und Niedergangsfantasien der Postavantgarde, die das Scheitern ihrer Ideale lange nicht verwunden hatte. So wird der Stadt ein offenerer Blick auf sich selbst möglich. Und die urbane Öffentlichkeit kann sich unbeschwerter, auch unvorhersehbarer formen und finden als zuvor. Dabei erweist sie sich mehr denn je als etwas, das sich nicht binden, nicht greifen lässt. Sie ist von »bemerkenswerter Schwammigkeit«.[20]

20 Kluge, Alexander/Oskar Negt, 1972, *Öffentlichkeit und Erfahrung* –

In ihrem Charakter ist sie in mancherlei Hinsicht dem Raum verwandt, der ja auch auf präsente Weise ungreifbar bleibt. Er gewinnt seine Bedeutung erst, wenn er einerseits wahrgenommen und mit Leben erfüllt wird, und wenn er andererseits von Plätzen und Straßen mit ihrer architektonischen Prägung gefasst wird. Auch die Öffentlichkeit braucht eine solche Fassung, in ihrem Fall sind es Institutionen, die regelnd ein Gemeinsames definieren: Schulen, Gerichte, Parlamente und natürlich die Verfassung. Eine Demokratie ist auf sie angewiesen, wenngleich diese Institutionen eben nur den Rahmen darstellen. Für das Eigentliche ist so noch nicht gesorgt. Was aber könnte das Eigentliche sein?

Um es für den Raum zu sagen: Hier entwickelt sich Öffentlichkeit aus einem Wechselspiel. Sie kann nicht angeordnet, nicht verfügt werden, sie entsteht erst aus Beziehung: des Einzelnen zu sich selbst wie zu den anderen. Das mag banal klingen und ist es auch, dennoch wird man diese Art der Beziehungspflege nicht selbstverständlich nennen können. Lange wähnte sich das moderne Ich als beziehungslos stark, es glaubte an Autonomie und Autarkie, so als brauchte es die Öffentlichkeit im Grunde nicht. Erst in der Stadt – besser wohl als irgendwo sonst – vermag der Einzelne zu begreifen, dass er über sich selbst hinausschauen muss, um das eigene Ich in allen Facetten erblicken zu können. Nicht starr auf sich selbst fixiert, sondern mit den Augen der anderen, in ihrer Multiperspektive, kommt das in Gang, was allgemein als Prozess der Individualisierung bezeichnet wird. In der Stadt ist jeder nur einer von sehr vielen, und lernt

Zur Organisationsanalyse von bürgerlicher und proletarischer Öffentlichkeit, Frankfurt am Main: Suhrkamp, S. 27.

doch, wenn er sich auf diese Vielheit einlässt, mehr über sich und mehr über die Welt.

Bis heute bedeutet die Großstadt eine Art von Befremdung: dass Menschen ihre Heimat verlassen und an diesen Ort ziehen, der sie nicht kennt und den sie nicht kennen. Sie alle tragen ihre Gewohnheiten und Eigenarten mit in die neue Heimat, und müssen sehen, was sie davon bewahren und inwiefern sie sich anpassen wollen. Zwar kommt es vielen Menschen vor, als würden sich die Städte immer ähnlicher, alle Unterschiede würden von der Globalisierung abgeschliffen. Doch wer genauer hinschaut, bemerkt rasch ihre »Eigenlogik«: dass sich Rituale und Begriffe, die Höflichkeitsformen, selbst die Gehgeschwindigkeiten nuancenreich unterscheiden.[21] Ob sich der Zugezogene dieser Andersartigkeit angleicht oder aber selbst der Andersartige bleiben will, diese Entscheidung trifft er nicht unbedingt bewusst. Die Kraft des öffentlichen Raums ist eine sanfte Kraft. Eine prägende, vielleicht sogar eine normative Wirkung entfaltet sie gleichwohl.

Über die gesellschaftliche Bindekraft des urbanen Raums

Selbst das Kaffeetrinken in der eigenen Küche erweist sich als etwas anderes als der Besuch eines Cafés, denn auf seine Weise konstituiert er bereits Öffentlichkeit, wenngleich gewiss in schwacher Ausprägung. Auch ein Cafébesucher, der sich mit niemandem verabredet hat, um gemeinsam über dieses und jenes zu räsonieren, unterhält doch unwillkür-

---

21 Löw, Martina, 2010, *Soziologie der Städte*, Frankfurt am Main: Suhrkamp, S. 19.

lich ein Verhältnis, nämlich zu den Erwartungen der anderen Besucher. Ihm werden »situative Anstandsformen« abverlangt,[22] er soll nicht schlürfen, nicht brüllen, das Geschirr nicht zerschlagen, nicht auf den Fußboden spucken, soll vielmehr sich einfügen in das Übliche, also geduldig auf die Bedienung warten, höflich danke und bitte sagen, ein Trinkgeld geben. Er kann von alldem auch das Gegenteil tun, kann also der Konvention *ex negativo* Beachtung schenken; ignorieren aber kann er sie nicht. Er stilisiert sein Verhalten, und das heißt, er beobachtet die anderen, beobachtet sich selbst, der öffentliche Raum verlangt von ihm diese Art der Reflexion. Und verlangt dies umso mehr, da Städte sich wandeln und mit ihnen die Umgangsformen im Fluss sind. Anders als auf dem Dorf, von dem man üblicherweise annimmt, dass dort alle dieselben und angestammten, oft unveränderlichen Gewohnheiten teilen, ist das urbane Leben wechselvoll und kontingent, befremdend für die Fremden und auf andere Weise ebenso für die Heimischen. Für all jene, die sich nicht in Ignoranz verpanzern, kommt die Selbstbeobachtung nicht zur Ruhe. Der Prozess des Anpassens, Behauptens, Neuformulierens ist dem urbanen Raum inhärent – und ist es auch der Öffentlichkeit.

Hatte in höfischen Zeiten ein jeder den Verhaltensregeln zu gehorchen, die seinem Stand zukamen, gab es statische Strukturen, in die sich der Einzelne einzupassen hatte, begann mit der Aufklärung der äußere Zwang zu weichen und mit diesem die Sicherheit des Vertrauten. Die alten Muster verloren ihre Bedeutung, potentiell stand es nun jedem frei, neue Formen des öffentlichen Umgangs zu prägen und sei-

---

22 Goffman, Erving, 2009, *Interaktion im öffentlichen Raum*, Frankfurt am Main/New York: Campus, S. 201-205.

ne eigene Stellung in der Gesellschaft zu definieren. Nichtsdestotrotz musste sich der Einzelne, um einigermaßen konfliktfrei zu leben, mit anderen auf Formen des Miteinanders einigen. Der gesellschaftliche Austausch und die Verständigung, die »kommunikative Vernunft«, nahmen so ihren modernen Anfang.[23] Zugleich aber begann das, was man Vereinzelung und Absonderung nennt. Dem Anfang der Öffentlichkeit scheint die Auflösung bereits eingeschrieben, ein Zerfall in lauter Individualinteressen, denen es an überwölbenden Ideen mangelt.

Heute träumt kaum noch jemand von dem alten Idealbild einer Gesellschaft, in der alle mit allen permanent im Gespräch sind, um sich über ihre Werte und Regeln in offener Aushandlung zu verständigen. Längst hat man sich daran gewöhnt, dass die eine Öffentlichkeit so wenig existiert wie der eine Raum. Es gibt eine Marktplatz- und eine Sportplatzöffentlichkeit, eine Fernseh- und eine Facebook-Öffentlichkeit, und die neuen urbanen Bewegungen formen eine eigene, temporäre Ausprägung kollektiven Seins. Darin mögen manche einmal mehr die segmentierte, konfettibunt zerstobene Gesellschaft erblicken, die keinen Begriff mehr von sich selbst hat. Doch fällt auf, dass zumindest einige dieser Bewegungen gerade deshalb in die Stadt drängen, weil sie dort Räume für ihre geteilten, kollektiven Interessen finden. Und sie bilden Gemeinschaften, die frei sind von den üblichen Gewinnabsichten. Nicht um Konsum, nicht um materielle Vorteile geht es ihnen, sondern um ideelle Werte.

Mal teilen sie eine politische Überzeugung, mal die Freude

---

23 Siehe etwa Habermas, Jürgen, 1988, *Der philosophische Diskurs der Moderne*, Frankfurt am Main: Suhrkamp, S. 366.

am gemeinsamen Gärtnern und Spielen, mal fühlen sie sich durch ein öffentliches Essen, den Augenblick einmütigen Genusses, verbunden oder durch die kollektive Erfahrung der künstlerisch-kreativen Gestaltung einer Straßenkreuzung. Es sind auch dieses keine starken Formen von Öffentlichkeit, hier geht es anders als in Parlamentsausschüssen nicht um komplexe Entscheidungsfindung, nicht um Argument und Gegenargument. Doch immerhin ist das gesellschaftliche Wir, das in den meisten urbanen Bewegungen zusammenfindet, nicht auf Ab- und Ausgrenzung bedacht. Es schließt nicht aus, es schließt auf. Und das ist gerade im »Zeitalter des Access«,[24] in dem Zugang und Zugriff wichtiger werden als Besitz, nicht gering zu schätzen. Es unterscheidet dieses urbane Wir von den kommerziellen Sonderzonen des Öffentlichen, von den Lounges und Spas und Erlebnisparks, die den Zutritt nicht selten an Wohlstand, Besitz oder Status koppeln. Ob Flashmob, Geocaching oder Urban Gaming – immer sind es einladende, gestaltbare Öffentlichkeiten, jeder ist willkommen, der sich auf die kollektiven Regeln einlassen oder sie in der Auseinandersetzung mit anderen verändern mag.

Eine andere Vorstellung vom eigenen Ich bezieht die Stadt

Nicht zuletzt darin zeigt sich die Bedeutung, die solche temporären, posttraditionalen Gemeinschaften für das Gesellschaftliche haben können. Sie prägen Verhaltensmuster, die ein freies, nicht auf den Vorteil des Einzelnen zielen-

---

24 Rifkin, Jeremy, 2000, *Access – Das Verschwinden des Eigentums*, Frankfurt am Main/New York: Campus.

des Zusammenspiel von Fremden erstens als denkbar und zweitens als lustvoll erscheinen lassen. Während in der Moderne die geistige Haltung der Großstädter als »Reserviertheit« beschrieben wurde und der öffentliche Raum primär als Raum der Koexistenz divergierender Lebensentwürfe galt, ermutigt die Digitalmoderne eine Überwindung der Blasiertheit, ohne den Wert der Pluralisierung aufzugeben. Der urbane Raum wird zum Raum der Kooperation. Diese neue geistige Haltung lässt sich als Distanzlosigkeit beschreiben, geprägt vom ebenfalls distanzlosen Internet, das alles mit jedem verbindet, das Fremde mit dem Fernen, das Ferne mit dem Exotischen und das Exotische mit dem Straßencafé um die Ecke. Jedoch werden die wenigsten der urbanen Bewegungen von einer wahllosen Nähe bestimmt, eher treibt sie ein wachsendes Verlangen nach Interaktion, nach gegenseitiger Anerkennung und Wahrnehmung. Wer möchte, kann darin eine Gegenbewegung sehen. Zum einen zu jener wachsenden Fixierung auf das Individuum, dem die Sicherheit traditioneller Lebensmuster abhandenkommt. In Zeiten der Ich-AG muss und soll der Einzelne über vieles selbst entscheiden, das eine Generation zuvor noch keiner Entscheidung bedurfte: über Pränataldiagnostik ebenso wie über Fragen des Fleischverzehrs, der Organspende, der Altersvorsorge und natürlich darüber, wie er sein wahres Ich am besten leben und verwirklichen kann. Je weiter staatliche Fürsorge und familiäre Bindung schwinden, desto mehr sieht sich der Einzelne auf sich selbst gestellt – und desto stärker wird das Bedürfnis nach dem Rückhalt im Wir der Stadt.

Zum anderen lässt sich von einer Gegenbewegung zur Globalisierung sprechen, dieser übermächtigen Strömung, die so vieles relativ und austauschbar erscheinen lässt. In den

Räumen der Stadt wird manches, was ansonsten abstrakt und ungreifbar anmutet, konkret und fassbar. Und so soll nicht die globale, sondern die urbane Perspektive zu der nötigen Wirklichkeitsverbundenheit verhelfen, ohne die eine Vita activa so wenig denkbar wäre wie eine Vita contemplativa.

In dieser Hinsicht verdörflicht das Internet, dieses so oft beschworene Global Village, tatsächlich die städtischen Räume. Es befördert ein Verlangen nach Übersichtlichkeit, Austausch und Verbundenheit. Doch geht damit zumeist keine provinzielle Selbstbezogenheit, kein Kirchturmdenken einher. Denn so wie es im Netz kein Zentrum gibt, sondern nur unendlich viele kleine Knotenpunkte, so hält sich auch der Mensch in der Digitalmoderne nicht unbedingt für den Mittelpunkt alles irdischen Geschehens. Das Individuum relativiert sich in seiner Bedeutung, es nimmt Abschied von der Vorstellung einer absoluten Autonomie und Einzigartigkeit. Selbst in den Diskussionen um die Gültigkeit des Urheberrechts blitzt dieses gewandelte Subjektverständnis auf; plötzlich werden Zweifel laut, ob es so etwas wie geistiges Eigentum überhaupt geben könne, weil doch der Einzelne nichts sei ohne die anderen, und es im Grunde nur kollektives Eigentum geben könne. Ein solcher Geist der Vergemeinschaftung ist es, der die Sharing- und Commons-Ökonomie boomen lässt, der Crowdsourcing-Projekte wie Wikipedia erst ermöglicht und der auch die politische Landschaft verändert. Ob es sich um die Demonstrationen des Arabischen Frühlings, um Occupy- oder Anonymous-Proteste oder eine politische Partei wie die Piraten handelt, sie alle hängen nicht an einem Individuum, sie wollen keine Führerpersönlichkeiten vom Schlage eines Steve Jobs oder Rudi Dutschke kennen; Geschichte wird nicht länger von großen Männern, sondern von Kollektiven gemacht. An die Stelle steiler Hierarchien rücken in vielen gesellschaftlichen Feldern die Teams. Und nicht zufällig gehört Schwarmintelligenz zu den beliebtesten Vorstellungen der Gegenwart: Der Einzelne muss nicht alles wissen, denn gemeinsam mit anderen ist er klüger, als es noch der Allerklügste auf sich allein gestellt sein kann. So verliert der alte Genieglaube, im 18. Jahrhundert mit der Moderne entstanden, an Macht.

Dem Menschen der Digitalmoderne, der nicht länger Zentrum, sondern Knotenpunkt sein will, gilt das Netzwerken als wichtiger. Er verknüpft sich mit anderen, sucht neue Bündnisse, und das heißt auch: Er lebt seine Abhängigkeit. Weil er dies aber in möglichst großer Freiheit tun will – denn an dieser hält er fest! –, wählt er sich temporäre Formen der Gemeinschaft. Auch davon erzählt der aktivistische Urbanismus des 21. Jahrhunderts, diese raumgreifende, raumerfüllende, raumbelebende Form des Selbstseins und Zusammenhandelns. Hier entsteht abermals etwas Hybrides: Das Fremde rückt in vertrauensvolle Nähe, dieses Nahe aber kann rasch wieder unvertraut und fremd wirken, denn meistens sind es ja nur Gemeinschaften auf Zeit. Gerade das, diese zwittrige, changierende Art von Nähe und Distanz, trägt dazu bei, dass die Großstadt mitunter dörflich wirkt. Globales und Lokales verschmelzen zum Glokalen, das Rurale und Urbane zum Rurbanen.

So stimmt auch tatsächlich, was immer wieder gesagt wird: dass der Mensch der Gegenwart zum Nomaden geworden sei. Er ist unstet in seinen Beziehungen zur Welt, er durchstreift urbane und digitale Sphären. Doch dass der Nomade einsam sei, was häufig bei der Verwendung des Begriffs insinuiert wird, lässt sich schwerlich behaupten, weder für den Hirten, der mit seinem Volk durch die Steppe zieht, noch für den Stadtbewohner von heute, der sich, wenn ihm danach ist, sein Völkchen sucht, eine der zahllosen urbanen Öffentlichkeiten. Es sind labile Gemeinschaften, man kann in ihnen auch lediglich »durch Spezialinteressen zusammengehaltene Zufallsgruppen« erblicken,[25] die zwar den öffentlichen Raum zu ihrem Habitat machen, doch für eine Öffentlichkeit, in der sich die Menschen über politische und gesellschaftliche Themen verständigen, ohne Belang bleiben. Anders als ein Verein, eine Stiftung, eine Partei verfügen die urbanen Bewegungen in der Regel über keine Satzung; es gibt niemanden, der als Sprecher fungieren würde, der im Zweifel für sie einstehen und verantwortlich zu machen wäre. Es fehlt ihnen nicht nur das institutionelle Rückgrat, das Parlamente, Gerichte, Zeitungen und andere Organe der Öffentlichkeit auszeichnet; es fehlt ihnen auch sonst jede Art von verlässlichem Knochenbau. Niemand kann mit ihnen dauerhaft rechnen, niemand sich fest auf sie stützen. Vielleicht aber just deshalb sind diese freien, sich immer wieder anders formierenden Konstellationen für den öffentlichen Raum ebenso wie für eine Öffentlichkeit im übergeordneten Sinne wichtig.

Die Öffentlichkeit vergewissert sich ihrer Bedeutung

Als temporäre Wahlverwandtschaften erheben sie keinen Anspruch darauf, etwas oder jemanden zu repräsentieren. Sie suchen die städtischen Räume auch nicht auf, weil sie in

---

25 Habermas, Jürgen, »Hat die Demokratie noch eine epistemische Dimension? Empirische Forschung und normative Theorie«, in: ders., *Ach, Europa. Kleine Politische Schriften XI*, Frankfurt am Main: Suhrkamp, S. 162.

ihnen eine gehobene Bedeutung erblicken oder sich von ihrem symbolischen Mehrwert etwas borgen wollten. Nicht die politische Ikonographie, nicht die staatstragende Repräsentation, sondern die unbeachteten Straßen und Plätze, die gewöhnlichen und brach gefallenen Räume gewinnen oftmals ihr Interesse. Denn diese »Orte entmachteter Symbole« sind selbstbedeutend,[26] und als solche ermöglichen sie es einer urbanen Öffentlichkeit, sich ihrer eigenen Selbstbedeutsamkeit zu vergewissern. Hier wird der Begriff des Publikums – abgeleitet vom lateinischen *publicus*: »dem Volk, der Allgemeinheit gehörig« – in seinem Ursprungssinn wiederbelebt. In den Räumen der Stadt vermag die Öffentlichkeit zu erfahren, dass sie sich selbst besitzt.

Anders als eine literarische Öffentlichkeit, die sich lesend und schreibend formiert, debattierend über gemeinsame Lektüreerfahrungen und die aus dieser Lektüre gewonnenen Wahrheiten, anders auch als eine politische Öffentlichkeit, die sich in ihren Diskursen vom Faktischen leiten lassen sollte und um Konsens bemüht sein muss, geht es einer urbanen Öffentlichkeit nicht um Verhandlung, nicht um disputierenden Austausch. Doch ähnlich wie Literatur oder Kunst – und vielleicht unterdessen sogar stärker als diese – stiftet die Stadt eine geteilte Mitte und jenen Raum, in dem zum Vorschein kommen kann, welche Erwartungen und Bedürfnisse die Menschen umtreiben, verbinden oder unterscheiden. Vor allem der Doppelcharakter urbaner Räume erweist sich dafür als besonders geeignet: In ihrer architektonischen Bedingtheit bieten sie einerseits ein für das digitale Zeitalter hohes Maß an Kontinuität und somit einen

---

26 Hubeli, Ernst, 1999, »Ist es möglich, einen öffentlichen Raum zu planen?«, in: *Werk, Bauen + Wohnen* 12/1999, S. 24-27.

Hintergrund der Verlässlichkeit; andererseits ist der Raum selbst wechselvoll und unbestimmt, offen für das Augenblickliche. Persistenz und Kontingenz gehen eine Liaison ein, und das bedeutet für die städtische Erfahrung: Die urbane Öffentlichkeit überwindet die Erfahrung völliger Beliebigkeit, ohne in ein festes Korsett der Normen zu schlüpfen, das ihr ein Was und ein Wie vorgeben würde.

Die Stadt erweist sich als ein Ort, der widerstreitende Wertvorstellungen, Leitbilder und Ideale nicht versöhnt, an dem sich vielmehr ein »vernünftiger Pluralismus« als lebenswert und lebensfähig erweisen kann.[27] Polyzentrisch und begegnungsstiftend vermag sich in den öffentlichen Räumen das Ich und das Wir als mündig zu erfahren. Es ist keine rationale, sondern eine protorationale Öffentlichkeit, die sich hier findet und ihre Anliegen artikuliert. Die Stadt ist keine Konsensmaschine, sie stärkt die gesellschaftlichen Kohäsionskräfte nicht durch oberflächliche Beschönigung und vorschnelle Harmonisierung. Weit eher ermöglicht sie eine Vielfalt voller Gegensätze, sie treibt die unterschiedlichsten Vorstellungen von einem besseren Leben hervor. Und es gehört zu den Grunderfahrungen der urbanen Öffentlichkeit, diese Spannung der Gegensätze nicht allein als Zumutung, sondern auch als etwas Produktives und Reizvolles begreifen zu können. Nicht zuletzt deshalb ist der städtische Raum so begehrt und belebt wie lange nicht mehr: der Homo publicus erweist sich als ein Homo urbanus.

Eine Gesellschaft, der nichts anderes übrig bleibt, als ihre Normativität aus sich selbst zu schöpfen, findet hier zu ihrem öffentlichen Bewusstsein. Und sie findet es nicht nur,

---

27 Siehe zum Beispiel Rawls, John, 2003, *Politischer Liberalismus*, Frankfurt am Main: Suhrkamp, S. 106-107.

sondern sucht es, denn auch davon erzählen die neuen urbanen Unternehmungen. Es spricht aus ihnen, egal wie ephemer sie mitunter sind, ein Streben nach Verständigung und auch nach Einverständnis. Daraus erwächst noch kein stabiles Gemeinwesen, doch weil die urbane immer auch eine plurale Erfahrung ist, begünstigt sie nicht allein das kollektive Empfinden, sondern ermöglicht auch die eine oder andere Einsicht. Zum Beispiel die, dass es eben nicht nur urbaner Wahlverwandtschaften, sondern auch steter gesellschaftlicher Regeln und Institutionen bedarf, ohne die Demokratie kaum mehr wäre als ein Wort. In der Stadt gedeiht, wenn es gut geht, der Sinn für Staatlichkeit.

Ein Brückengeländer mit Ringelschal, eine rote Schaukel an der Bushaltestelle und dann noch Spitzkohl im Autoreifen – man kann an diesen unscheinbaren Zeichen des Wandels vorbeigehen und braucht sich nichts dabei zu denken. Der Urbanismus von unten tritt nicht machtvoll in Erscheinung, er hat keine Lobby und keinen Interessensverband, er vermarktet sich nicht und findet nur sehr versprengt die Aufmerksamkeit der klassischen Medien. Das ist seine Stärke: Es gibt keinen, der den Wandel steuert, denn alle steuern. Im Unscheinbaren und ohne großes Aufhebens erfüllt sich im öffentlichen Raum, was keiner verfügte und niemand erwartet hätte. Die Stadt ist tot, es lebe die Stadt!

Literatur

Benjamin, Walter, 2009, *Einbahnstraße*, in: ders., *Werke und Nachlaß. Kritische Gesamtausgabe*, Bd. 8, herausgegeben von Detlev Schöttker unter Mitarbeit von Steffen Haug, Frankfurt am Main: Suhrkamp.

Borries, Friedrich von, 2012, *Wer hat Angst vor Niketown? Nike-Urbanismus, Branding und die Markenstadt von morgen*, Berlin: Suhrkamp.

Chung, Chuihua Judy/Jeffrey Inaba/Rem Koolhaas/Sze Tsung Leong (Hg.), 2002, *The Harvard Design School Guide to Shopping*, Köln: Taschen.

DUS Architects, *Momentary Manifesto for Public Architecture*, online verfügbar unter: {http://www.dusarchitects.com/officeprofile.php?menuid=manifesto} (Stand: Juni 2013).

Flohé, Alexander/Reinhold Knopp, 2009, »Umkämpfte Räume – Städtische Entwicklungen, öffentliche Räume und die Perspektiven Jugendlicher«, in: Ulrich Deinet, Heike Okroy, Georg Dodt und Angela Wüsthof (Hg.), *Betreten Erlaubt! Projekte gegen die Verdrängung Jugendlicher aus dem öffentlichen Raum*, Opladen/Farmington Hills (MI): Barbara Budrich, S. 29-42.

Foucault, Michel, 1990, »Andere Räume«, in: Karlheinz Barck, Peter Gente, Heidi Paris und Stefan Richter (Hg.), *Aisthesis. Wahrnehmung heute oder Perspektiven einer anderen Ästhetik*, Leipzig: Reclam, S. 34-46.

Friedmann, John, 2002, *The Prospect of Cities*, Minneapolis/London: University of Minnesota Press.

Goffman, Erving, 2009, *Interaktion im öffentlichen Raum*, Frankfurt am Main/New York: Campus.

Greenfield, Adam, 2006, *Everyware – The Dawning Age of Ubiquitous Computing*, Berkeley: New Riders.

Habermas, Jürgen, 1988, *Der philosophische Diskurs der Moderne*, Frankfurt am Main: Suhrkamp.

–, 2008, »Hat die Demokratie noch eine epistemische Dimension? Empirische Forschung und normative Theorie«, in: ders., *Ach, Europa. Kleine Politische Schriften XI*, Frankfurt am Main: Suhrkamp, S. 138-191.

House, Brian/Jesse Shapins, o. D., »Talking about media, the city and human subjectivity: A retroactive manifesto for a critical urban media arts«, online verfügbar unter: {http://periplurban.org/guides/2.pdf} (Stand: Juni 2013).

Hubeli, Ernst, 1999, »Ist es möglich, einen öffentlichen Raum zu planen?«, in: *Werk, Bauen + Wohnen* 12/1999, S. 24-27.

Kluge, Alexander/Oskar Negt, 1972, *Öffentlichkeit und Erfahrung – Zur Organisationsanalyse von bürgerlicher und proletarischer Öffentlichkeit*, Frankfurt am Main: Suhrkamp.

Läpple, Dieter, 2004, »Thesen zur Renaissance der Stadt in der Wissensgesellschaft«, in: Norbert Gestring et al. (Hg): *Jahrbuch StadtRegion 2003. Schwerpunkt: Urbane Regionen*, Opladen: Leske + Budrich, S. 61-77.

Le Corbusier, 1969, *Ausblick auf eine Architektur*, Berlin/Gütersloh: Bauverlag.

Lefebvre, Henri, 1968, *Le droit à la ville*, Paris: Anthropos.

Löw, Martina, 2010, *Soziologie der Städte*, Frankfurt am Main: Suhrkamp.

Mästle, Constanze, 2006, *Verdichtete Wohnformen und ihre Akzeptanz bei den Bewohnern: Eine Gebäudeevaluation aus der Nutzerperspektive*, Göttingen: Cuvillier.

Mitscherlich, Alexander, 1965, *Die Unwirtlichkeit unserer Städte – Anstiftung zum Unfrieden*, Frankfurt am Main: Suhrkamp.

Rawls, John, 2003, *Politischer Liberalismus*, Frankfurt am Main: Suhrkamp.

Rifkin, Jeremy, 2000, *Access – Das Verschwinden des Eigentums*, Frankfurt am Main/New York: Campus.

Selle, Klaus, 2013, »›Particitainment‹, oder: Beteiligen wir uns zu Tode? Wenn alle das Beste wollen und Bürgerbeteiligung dennoch zum Problem wird«, online verfügbar unter: {http://www.bbs-hannover.de/view_document/138_leseprobe_particitainment_oder_beteiligen_wir_uns_zu_tode_klaus_selle_1.11.2012.html} (Stand: Juni 2013).

Simmel, Georg, 1995, »Die Großstädte und das Geistesleben«, in: ders., *Gesamtausgabe*, Bd. 7, *Aufsätze und Abhandlungen 1901-1908 I*, herausgegeben von Rüdiger Kramme, Angela Rammstedt und Otthein Rammstedt, Frankfurt am Main: Suhrkamp, S. 116-131.

Stendhal, 1947, *Rot und Schwarz*, Leipzig: Insel.

Stofanel Investment AG, o. D., »Pressetext Marthashof«, online verfügbar unter: {http://www.marthashof.de/downloads/PM_Marthashof.pdf} (Stand: Juni 2013).

Turkle, Sherry, 2011, *Alone Together: Why We Expect More from Technology and Less from Each Other*, New York: Basic Books (dt.: *Verloren unter 100 Freunden – wie wir in der digitalen Welt seelisch verkümmern*, München: Riemann, 2012).

Weiterführende Literatur

Baier, Andrea/Christa Müller/Karin Werner, 2013, *Stadt der Commonisten – Neue urbane Räume des Do it yourself*, Bielefeld: transcript.

Ballhausen, Thomas/Günther Friesinger/Johannes Grenzfurthner (Hg.), 2010, *Urban Hacking – Cultural Jamming Strategies in the Risky Spaces of Modernity*, Bielefeld: transcript.

Bauverlag (Hg.), 2011, *Bauwelt 190*, Themenausgabe Stadtbauwelt: *Virtuelle Stadt*, Berlin: Bauverlag.

Bott, Helmut/Christoph Hubig/Franz Pesch/Gerhart Schröder (Hg.), 2000, *Stadt und Kommunikation im digitalen Zeitalter*, Frankfurt am Main/New York: Campus.

Diederichsen, Diedrich, 2001, »Kreative Arbeit und Selbstverwirklichung«, in: Christoph Menke und Juliane Rebentisch (Hg.), *Kreation und Depression – Freiheit im gegenwärtigen Kapitalismus*, Berlin: Kadmos, S. 118-128.

Eckardt, Frank/Martina Zschocke (Hg.), 2006, *Mediacity. Situations, Practices and Encounters*, Weimar: Verlag der Bauhaus-Universität.

Farman, Jason, 2012, *Mobile Interface Theory – Embodied Space and Locative Media*, London/New York: Routledge.

Florida, Richard, 2002, *The Rise of the Creative Class – And How It's Transforming Work, Leisure, Community and Everyday Life*, New York: Basic Books.

Frith, Jordan/Adriana de Souza e Silva, 2012, *Mobile Interfaces in Public Spaces – Locational Privacy, Control, and Urban Sociability*, London/New York: Routledge.

Gerhard, Volker, 2012, *Öffentlichkeit – Die politische Form des Bewusstseins*, München: C. H. Beck.

Gordon, Eric/Adriana de Souza e Silva, 2011, *Net Locality – Why Location Matters in a Networked World*, Malden: Wiley-Blackwell.

Habermas, Jürgen, 1990, *Strukturwandel der Öffentlichkeit*, Frankfurt am Main: Suhrkamp.

Hampton, Keith N./Oren Livio/Craig Trachtenberg/Rhonda McEwen, 2010, »The social life of wireless urban spaces«, in: *Contexts 9/4*, S. 52-57, online verfügbar unter: {http://www.mysocialnetwork.net/downloads/WirelessPlacesPhotoEssay.pdf} (Stand: Juni 2013).

Helfrich, Silke/Heinrich-Böll-Stiftung (Hg.), 2012, *Commons – Für eine neue Politik jenseits von Markt und Staat*, Bielefeld: transcript, online verfügbar unter: {http://www.boell.de/downloads/2012-04-buch-2012-04-buch-commons.pdf} (Stand: Juni 2013).

Himmelsbach, Sabine, 2013, *Sensing Place – Zur medialen Durchdringung des urbanen Raums*, Basel: Christoph Merian Verlag.

Humphrey, Lee, 2010, »Mobile social networks and urban public space«, in: *New Media & Society* 12/5, S. 763-778.

Klamt, Martin, 2007, *Verortete Normen – Öffentliche Räume, Normen, Kontrolle und Verhalten*, Wiesbaden: VS Verlag für Sozialwissenschaften.

Klanten, Robert/Sven Ehmann/Matthias Hübner, 2010, *Urban Interventions – Personal Projects in Public Places*, Berlin: Die Gestalten Verlag.

Koch, Regan/Alan Latham, 2013, »On the hard work of domesticating a public space«, in: *Urban Studies* 50, S. 6-21.

Krasny, Elke, 2012, *Hands-on Urbanism 1850-2012: Vom Recht auf Grün*, Wien: Turia + Kant.

Lauschke, Alexander, 2010, *Parkour. »Subversive« Choreographien des Urbanen*, Marburg: Tectum.

Rasmussen, Terje, 2013, »Internet-based media, Europe and the political public sphere«, in: *Media, Culture & Society* 35/1, S. 97-104, online verfügbar unter: {http://mcs.sagepub.com/content/35/1/97.full.pdf+html} (Stand: Juni 2013).

Schulze, Gerhard, 2011, »Strukturwandel der Öffentlichkeit 2.0 – Kunst und Publikum im digitalen Zeitalter«, in: *Kulturpolitische Mitteilungen*, 134/3, S. 36-43, online verfügbar unter: {http://www.kupoge.de/kumi/pdf/kumi134/kumi134_36-43.pdf} (Stand: Juni 2013).

Sennett, Richard, 2004, *Verfall und Ende des öffentlichen Lebens – Die Tyrannei der Intimität*, Frankfurt am Main: Fischer Taschenbuch.

Siebel, Walter, 2004, *Die europäische Stadt*, Frankfurt am Main: Suhrkamp.

Thabe, Sabine (Hg.), 1999, *Räume der Identität – Identität der Räume*, in: *Dortmunder Beiträge zur Raumplanung*, Bd. 98, Dortmund: Informationskreis für Raumplanung.

Welzer, Harald, 2013, *Selbst denken – Eine Anleitung zum Widerstand*, Frankfurt am Main: S. Fischer.

Internetseiten zum Thema

http://www.initiative-ergreifen.de/
Initiative ergreifen ist ein Programm des Ministeriums für Bauen, Wohnen, Stadtentwicklung und Verkehr des Landes Nordrhein-Westfalen. Es unterstützt Projekte, die bürgerschaftliches Engagement und Stadterneuerung miteinander verknüpfen.

http://www.buergergesellschaft.de/
Bürgergesellschaft ist ein Wegweiser für Bürgerbeteiligung, Bürgerengagement und Selbsthilfeaktivisten. Initiiert wurde das Projekt von der unabhängigen Stiftung MITARBEIT.

http://openstreetsproject.org/
Das Open Streets Project sammelt und bietet Informationen zu Fahrrad- und Spazierwegen in Nordamerika. Gegründet wurde es von der Alliance for Biking & Walking und der Street Plans Collaborative.

http://issuu.com/streetplanscollaborative/docs/tactical_urbanism_vol.1
Tactical Urbanism Vol. 1. Short-term Action, Long-term Change gibt einen Überblick über Projekte und Zusammenschlüsse, die sich der Umgestaltung des urbanen Raums verschrieben haben, und erläutert Phänomene des neuen Urbanismus.

http://parkingday.org/
Homepage der PARK(ing)-Day-Initiative.

http://betterblock.org/
Homepage der Building-Better-Blocks-Initiative.

http://depave.org/
Depave widmet sich der Begrünung des städtischen Raums und der Pflege der urbanen Vegetation.

http://www.bmwguggenheimlab.org/
Homepage des BMW Guggenheim Lab.

http://cityrepair.org/
City Repair hat sich die künstlerische und ökologisch-orientierte Um-

gestaltung der Stadt zum Ziel gesetzt. 1996 in Portland im US-Bundesstaat Oregon von ehrenamtlichen Aktivisten ins Leben gerufen, unterstützt City Repair Gruppen von Bürgern und Nachbarschaften bei ihren Projekten.

http://www.transitionnetwork.org/
Zentrale Internetplattform der Transition-Town-Bewegung.

http://popupcity.net/
Pop-Up City ist ein Blog, der von der Amsterdamer Agentur Golfstromen betrieben wird. Die Autoren gehen urbanen Ideen und Trends in so verschiedenen Bereichen wie Architektur, Design, Marketing oder Gastronomie nach.

http://www.newmuseum.org/ideascity
Homepage des New Museum in New York. 2011 veranstaltete das Museum zum ersten Mal das Ideas City Festival, das seitdem alle zwei Jahre stattfindet.

http://www.spontaneousinterventions.org/
Spontaneous Inverventions: Design Actions for the Common Good ist eine Ausstellung, die sich den Architekten, Designern, Künstlern und Bürgern widmet, die durch kleine Eingriffe in den städtischen Raum versuchen, ihr Leben und das ihrer Mitmenschen zu verbessern.

http://www.planung-neu-denken.de/
Planung neu Denken ist ein vom Lehrstuhl für Planungstheorie und Stadtentwicklung an der Rheinisch-Westfälischen Technischen Hochschule Aachen initiiertes Projekt, in dessen Rahmen ein Magazin mit Texten zur Entwicklung von Stadt und Region herausgegeben wird.

http://enablingcity.com/
Enabling City ist eine Organisation, die sich vor allem mit dem Thema Nachhaltigkeit in der Stadt auseinandersetzt.

http://www.geocaching.com/
Internetplattform für Geocaching-Begeisterte.

http://foodsharing.de/
Foodsharing gibt Privatpersonen, Händlern und Produzenten die Mög-

lichkeit, überschüssige Lebensmittel kostenlos anzubieten oder abzu-
holen.

http://www.garten-teilen.de/
Garten teilen ist ein privates Projekt, das Menschen miteinander verbin-
det, die entweder ihren Garten mit anderen teilen möchten oder einen
Garten suchen, um ihn aktiv zu nutzen.

http://www.kokonsum.org/
KoKonsum steht für kollaborativen Konsum. Auf der Internetseite
können Nutzer Dinge, Fähigkeiten, Räume und anderes miteinander
teilen oder tauschen.

http://www.netzwerk-sharedspace.de/
Das Shared-Space-Netzwerk bietet Informationen zur Verkehrsneuge-
staltung.

Alle hier verzeichneten Internetadressen wurden zuletzt im Juni 2013
aufgerufen.